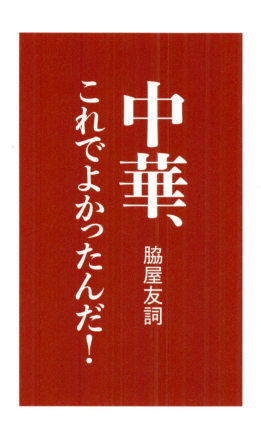

中華、これでよかったんだ！

脇屋友詞

**目次**

4 段取りがすべて！ 必要最低限で作るミニマル中華の世界へようこそ！

6 中国料理はここを押さえればおいしくできる！

8 この本の使い方

# 第1章

脇屋シェフだから驚くほどおいしい

## 時短レシピ

10 ❶ 基本の肉シュウマイ

14 ❷ 時短Deホイコーロー

18 ❸ 15分で作る！ 花椒香るしょうが焼き

22 ❹ シャキシャキ！ チンジャオロースー

24 ❺ 雲白片肉 ピリ辛ソース

25 ❻ 冬瓜と鶏手羽の簡単スープ

26 ❼ 大満足の八宝菜

28 ❽ 本格えびチリ

32 ❾ 本格マーボー豆腐

34 ❿ 濃厚！ トマトの卵炒め

36 ⓫ 究極のもやし炒め

38 ⓬ きゅうりのガーリック炒め

39 ⓭ やみつき白菜

40 ⓮ きゅうりの簡単しょうが和え

41 ⓯ 10分で作る 翡翠豆腐

42 ⓰ 簡単ピリ辛丼

43 ⓱ とろとろ豆腐の天津丼

44 ⓲ かにレタスチャーハン

45 ⓳ 上海焼きそば

46 ⓴ ピリ辛担々うどん

47 ㉑ お手軽肉みそでジャージャン麺

**Column**

48 本格スープが、ほったらかしで30分！
だしをとったひき肉も使います！

50 ひき肉醤／ひき肉醤で合わせそば

# 第2章

"これ"だけ知ればおいしくできる

## 基本の"き"

52 ❶ 鶏手羽大根

56 ❷ 鶏のカシューナッツ炒め

60 ❸ Wakiya流 究極の鶏のから揚げ

64 ❹ 油淋鶏

66 ❺ しっとり＆旨辛 ごまだれ棒棒鶏

68 ❻ トンポーロー

72 ❼ 黒酢のミルフィーユ酢豚

74 ❽ ピリッと爽やか マーボー春雨

76 ❾ 牛肉とパプリカの香り炒め

78 ❿ レバニラ炒め

82 ⓫ えびとほうれん草の塩炒め

86 ⓬ えびのフリッター

88 ⓭ 家常豆腐

90 ⓮ 豚肉と豆腐のしょうゆ煮込み

92 ⓯ 魚香茄子

94 ⓰ やみつきマーボーなす

95 ⓱ 涼拌茄子

96 ⓲ じゃがいもの細切り炒め

97 ⓳ 新玉ねぎの黒酢炒め

98 ⓴ アスパラガスの油炒め

99 ㉑ 芽キャベツの香り炒め

## 第3章

ワンディッシュで大満足
# 麺とご飯

120 ❶ 究極！ 大人のチャーハン
124 ❷ 玉ねぎごぼうチャーハン
126 ❸ 昔懐かしチャーハン
127 ❹ 新玉ねぎのチャーハン
128 ❺ にんにく焼きそば
132 ❻ ひき肉だけのしびれる焼きそば
134 ❼ オイスターソース焼きそば
135 ❽ 究極のソース焼きそば
136 ❾ しょうが風味の鶏がゆ
138 ❿ 香ばしいビーフン炒め

**Column**

100 おうちで春巻きが
こんなにおいしく作れるなんて！

101 基本の〝き〟の春巻き
季節の春巻き

104 春
春キャベツとあさりの春巻き

106 春
アスパラベーコンのスティック春巻き

107 夏
とうもろこしの春巻き

108 秋
春雨ときのこの春巻き

109 冬
プリプリ＆ジューシーなかきの春巻き

## 第4章

あと一品、困ったときに大活躍の
# 作りおき

140 ❶ 黒こしょうチャーシュー
144 ❷ 失敗しない塩煮豚
146 ❸ 豚ばら肉、豆腐、根菜の薬膳スープ煮込み
150 ❹ お店の味が家庭で作れる絶品もち米シュウマイ
152 ❺ 里芋と牛肉の簡単煮込み
154 ❻ なすの甘辛炒め
156 ❼ 辣白菜
157 ❽ 枝豆の香り塩水漬け

**Column**

皮から作る本格ぎょうざに
チャレンジしてみよう！

112 きのこと黒豚のぎょうざ
114 鶏と玉ねぎの水ぎょうざ

**Column**

手作り醤を作ってみよう！

115 しょうが醤
117 香油／魚醤
118 万能ドレッシング

158 ちょっとだけ自慢できる中国語の切り方講座
159 脇屋友詞シェフのお店＆YouTubeチャンネル紹介

段取りがすべて！
# 必要最低限で作るミニマル中華の世界へようこそ！

コロナ禍でYouTubeの動画配信を始め、家でもおいしく作れるように工夫したレシピを紹介すると、「家でもこんなにおいしくできて、びっくりです」といった感想をいただいたり、紹介してほしいレシピのリクエストをいただいたりしました。感想を読んでみると、中国料理は材料や工程が多くて、家で作るのは難しいと考えている方がまだまだ多いように感じました。

　この本では、YouTubeで紹介したメニューのなかでも人気の高かったものを中心に、さらに少ない材料と工程で作れるレシピを紹介しています。また、p.6-7では、中国料理をおいしく、手早く作るコツを紹介しています。ひと言で言うなら、「中国料理は段取りがすべて！」です。ぜひこのページを読んでから、調理を始めてください。

　そして、まずはこの本で、あなたの十八番(おはこ)を3つ作ってください。目をつむってでも作れるようになると、自然と自信がついてきます。自信を持つことによって、アレンジしたり、材料を置き換えたりとアイデアも湧いてくるし、いっそう料理が楽しくなると思います。ちなみに僕の十八番は「トンポーロー」です。あなたの得意な料理が何かと聞かれたときに、この本のレシピを挙げてもらえることがあれば、こんなにうれしいことはありません。どうぞたくさん作ってください。

脇屋友詞

# 中国料理はここを押さえれば

## 1
### すべての材料を
### 最初に
### 切り揃えておく

中国料理は段取りがすべてです。まずは、最初にすべての材料を切り揃えておくこと！　そのため、この本では、材料表に切り方を入れています。

## 2
### 調味料は
### 計量しておく
（合わせ調味料は混ぜておく）

中国料理ではスピード感も大切。材料だけでなく、調味料を最初に計量しておくことも最速で極上の中国料理を作るコツ！

## 3
### 下味は肉や魚に
### しっかりなじませる
のがコツ

下味をしっかりなじませて素材をコーティングし、火入れも仕上がりもベストな状態に！

# おいしくできる！

## 4

香味野菜や
豆板醤（トウバンジャン）は
**十分に香りを出す**

にんにくやしょうが、長ねぎは炒めて香りを出し、豆板醤は辛みと香ばしさを引き出す！香りが立ってから次の材料を入れるのがルール。

## 5

炒めるときは
**その都度混ぜながら**
が基本

素材を加えるごとによく混ぜながら炒めるのがコツ。最後に合わせ調味料を加えます。

## 6

仕上げに
ごま油とラー油で
**風味と辛みをつける**

最後は強火にし、一気に炒めます。仕上げにごま油やラー油を加え、香りと風味をつけて。

## このルールさえ覚えたら、あとは簡単！！

# この本の使い方

この本の構成、決まりごと、使っている道具をご紹介いたします。

盛りつけ例の写真は、切り方や火の通り具合、ソースの水分量などの参考にしてください（材料の分量と盛りつけ例の量は違うことがあります）。下ごしらえもわかりやすく表示しています。

ポイント部分は写真で見せ、脇屋シェフからお聞きした作り方のコツ、調理の際に気をつけることなどを吹き出しで表示しています（ページの構成により、ポイント写真がない場合があります）。

## レシピの決まりごと

- 小さじ1＝5㎖、大さじ1＝15㎖です。
- 「適宜」はお好みで入れることを示します。
- 鶏がらスープは、市販の鶏がらスープの素を表示通りに溶いたものです。
- 水溶き片栗粉は、片栗粉と水を1：2の割合で合わせたものです。
- ごま油は、竹本油脂「マルホン圧搾純正胡麻油」を使っています。

- とくに表示のない場合、火加減は中火です。
- 電子レンジは600Wを基本としています。
- 保存期間は目安の期間です。
- 料理名などについている中国語の読み方は、基本的に北京語にのっとっていますが、一部、上海語や広東語の場合があります。

## この本で使っている道具

中国料理には中華鍋が必要と考えているかもしれませんが、ご家庭であれば、ふっ素樹脂加工のフライパンで十分おいしく作ることができます。今回の撮影でも使用した「マイヤー マキシムシリーズ」のフライパンをご紹介します。高品質のステンレス製で、丈夫で長持ち。熱伝導のよい底面三層構造は、どんな熱源にも対応しています。

**マキシム SS 深型フライパン 26cm**（蓋は別売り）
中華鍋を思わせる深めのフライパン。鍋として下ゆでに使ったり、蓋をして蒸し焼きにしたりとさまざまな使い方ができる万能フライパン。

**マキシム SS フライパン 28cm**
ぎょうざを焼いたりするのに便利な形状は、中国料理だけでなく、どんな料理にも使える便利なフライパン。

**マキシム SS 蓋付フライパン 18cm**
油を熱して薬味や食材にかけるレシピで大活躍。少量の焼き物などにも便利。

マイヤージャパン　https://meyer.co.jp　お問い合わせ先　0120-23-8360（10:00〜17:00　土曜・日曜・祝日を除く）

第1章

脇屋シェフだから
驚くほどおいしい

# 時短レシピ

時短レシピ ❶

## ひき肉と玉ねぎだけで絶品
# 基本の肉シュウマイ

ひき肉と玉ねぎだけで作る極上のシュウマイです。ひき肉に調味料と卵を加えてよく練り上げ、すりおろしてしっかりと水分をきった玉ねぎをやさしく合わせ、よく冷やしておくことがポイント。シュウマイの包み方も必見！

### 材料　2〜3人分

豚ひき肉…200g
玉ねぎ…2個（400g）
溶き卵…1個分
シュウマイの皮…20枚くらい
A｜オイスターソース…小さじ2
　｜塩…小さじ1
　｜しょうゆ…小さじ1
B｜しょうが（みじん切り）…大さじ2
　｜砂糖…小さじ2
片栗粉…大さじ4
ごま油…小さじ2

### 下ごしらえ

- 玉ねぎはすりおろしてざるに上げ、キッチンペーパーで水気を絞る。

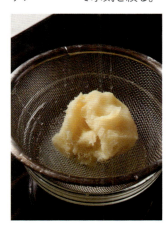

> 玉ねぎ特有の臭みを消し、甘みだけを生かせるように水気をしっかりきってください。

# 1

ボウルにひき肉、**A**を入れてよく練る。

> まず塩分のあるものを混ぜ、**肉を締めると、玉ねぎの水分を吸収しやすくなりますよ。**

# 2

溶き卵を2回に分けて加え、練る。

> 卵半量を混ぜてなじんだら、残りを混ぜるのがコツ。早く肉となじみます。

# 3

卵がなじんだら**B**、玉ねぎ、片栗粉を加え、やさしく混ぜ合わせる。ごま油を混ぜ、バットに広げ、冷蔵庫で冷やす。

> しっかり冷やすと**かたくなって、包みやすくなりますよ。**

# 4

シュウマイの皮に **3** をのせる。

**割っていない割り箸の根元を使うと**包みやすいですよ。

# 5

割り箸ごと指でギュッと包んでから割り箸を引き抜き、肉だねの表面を平らにならす。

**てるてるぼうずを作るようにすると**簡単に包めます。

# 6

セイロに並べ、蒸し器で8〜9分蒸す。

しっかり**蒸気が上がってから**蒸し器に入れます。

時短レシピ❷

## 薄切り肉でふわっとジューシー
# 時短Deホイコーロー

豚肉とねぎ、ピーマンだけで作るホイコーローです。しんなりとしたねぎの香りと甘み、ピーマンのシャキシャキ感がおいしい！ 豚ばら薄切り肉はふわっとジューシー、合わせみそがしっかりからんでご飯が進みます。

### 材料 2〜3人分

豚ばら薄切り肉（7〜8cm長さ）… 150g

片栗粉… 小さじ2

長ねぎ（縦半分に切って3〜4cm幅の斜め切り）… 20cm分

ピーマン（細長い乱切り）… 3個分

A にんにく（みじん切り）… 小さじ1

しょうが（みじん切り）… 小さじ1

豆板醤… 大さじ1

甜麺醤… 大さじ2

水… 大さじ2

砂糖… 大さじ1と½

サラダ油… 大さじ2

ごま油… 大さじ1

ラー油… 適量

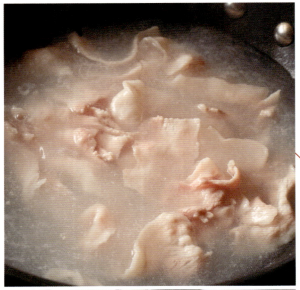

# 1

豚肉に片栗粉をまぶして60℃くらいの湯にくぐらせる。

> 豚肉は1枚ずつはがし、**片栗粉は直前に薄くまぶしてコーティングすると、味がのりやすくなります。**
> まぶしてから時間をおくと、水分を吸収して食感が悪くなるので、直前に！

# 2

表面がピンク色になったら、ざるに上げて湯をきる。

> **完全に火を通さなくてOK！** 下ゆですると、仕上げの炒め時間を短縮でき、肉に火が入りすぎずジューシー！

# 3

フライパンにサラダ油大さじ1を中火で熱し、長ねぎを炒める。香りが立ってきたら、ピーマンを加えて炒め、長ねぎがしんなりしたら、いったん取り出す。

> 長ねぎは香りを十分に引き出し、ピーマンはシャキッとした食感を生かしたいので、**時間差で加えてください。**

## 4

同じフライパンにサラダ油、ラー油各大さじ1を弱火～弱めの中火で熱し、**A**を炒める。香りが立ったら、豆板醤、甜麺醤の順に加えてよく混ぜ、水を加えてソース状にする。味をみてから砂糖を加えて混ぜる。

> 甜麺醤はものによって味が違うので、**甘みが足りなければ砂糖を加え、塩気がほしい場合は、しょうゆを加えてください。**

## 5

ふつふつと沸いてきたら、**2**を加えて強火にし、よくからませるように炒める。**3**を戻し入れ、大きく混ぜて、ごま油、お好みでほんの少しのラー油を回し入れる。

> 長ねぎとピーマンは火を通してあるので、**さっと混ぜ合わせるだけ！**

時短レシピ❸

## 目からウロコのおいしさ！
# 15分で作る！
# 花椒香るしょうが焼き
(ホワジャオ)

豚のしょうが焼きをWakiya流にアレンジ。最大のポイントは、火の通りが早く、柔らかく仕上がる豚ばらしゃぶしゃぶ用肉を使うこと！ 脂の甘みに花椒をきかせたたれがぴったりのご飯泥棒なおかずです。

**材料** 2〜3人分

豚ばらしゃぶしゃぶ用肉
　　（大きめに切る）…500g
にんにく（みじん切り）…小さじ1
しょうが（みじん切り）…大さじ3
A ┃ しょうゆ…大さじ6
　 ┃ みりん…大さじ6
　 ┃ こしょう…少々
花椒（粉）…少々
クミンパウダー（あれば）…少々
サラダ油…大さじ3
ごま油…大さじ2
レタス…適量

**下ごしらえ**

・ レタスはせん切りにして氷水にさっと浸け、水気をよくきってから冷蔵庫で少し冷やす。

# 1

レタスを器に敷き詰める。

> 肉を炒める前にレタスを盛りつける。これもおいしく作るための段取りです。

# 2

Aは耐熱ボウルに合わせておく。フライパンにサラダ油を中火で熱し、すぐに、にんにくとしょうがを入れて炒め、香りを出してAに混ぜ合わせる。

# 3

フライパンをきれいにして豚肉を入れ、ほぐしながら弱火で炒める。

> 箸を使って豚肉をよくほぐします。7〜8割がた火を入れればいいですよ。

## 4

**2**を加え、火を強めて混ぜながら炒め合わせ、仕上げにごま油を回し入れる。**1**の器に肉だけを盛りつける。

> からめながらしっかり火を通しましょう。

## 5

フライパンに残った汁に花椒とクミンを加えてひと混ぜし、肉にかける。

> **香辛料を最後に加える**ことで香りが際立ちますよ。

時短レシピ ❹

段取りがすべて！
# シャキシャキ！
# チンジャオロースー

主食材たった2つで作るチンジャオロースーをご紹介。豚肉の下味のつけ方をマスターすれば、時短でおいしく極上に仕上がります。野菜の切り方、合わせ調味料、香味野菜の使い方を押さえれば、プロ級の味わいに！

### 材料　2～3人分

ピーマン（細切り）…3～4個分
豚もも薄切り肉（細切り）…70g
長ねぎ（みじん切り）…1cm分
しょうが（みじん切り）…1かけ分
A ｜ 酒…大さじ1
　｜ 塩・こしょう…各少々
水溶き片栗粉…大さじ1

### 【合わせ調味料】

水…大さじ1と1/2
酒…大さじ1
水溶き片栗粉…大さじ1
しょうゆ…大さじ1
オイスターソース…小さじ1
砂糖…小さじ1/2
こしょう…少々

サラダ油…大さじ1
ごま油…適量

### 下ごしらえ

- ボウルに豚肉、Aを入れてよく混ぜ、水溶き片栗粉を加えて水気が完全になじむまで混ぜる。
- 合わせ調味料は混ぜておく。

## 1

フライパンにサラダ油を中火で熱し、下ごしらえした豚肉を炒め、色が白っぽく変わってきたら、ごま油大さじ1を加え、ピーマンを加えてさっと炒める。

> ごま油の香りが立ったところでピーマンを入れてくださいね。

## 2

長ねぎ、しょうがを加えて炒める。

> 香味野菜を加えて香りと風味をプラスします。

## 3

合わせ調味料を全体に回し入れ、強火にして大きく混ぜ、ごま油小さじ1を回し入れる。

> とろみにムラができないように、合わせ調味料は加える直前にもう一度かき混ぜてください。

時短レシピ ❺

## 火入れのコツで柔らかく仕上げる　雲白片肉（ユンパイピェンロウ） ピリ辛ソース

かたまり肉を使わず、しゃぶしゃぶ用の薄切り肉にゆっくり火を入れて柔らかく仕上げます。

### 材料　2〜3人分

豚ばらしゃぶしゃぶ用肉 … 150g
きゅうり … 1本

【たれ】

長ねぎ（みじん切り）… 5cm分
にんにく（みじん切り）… 小さじ1
しょうが（みじん切り）… 小さじ1
しょうゆ … 大さじ3
ごま油 … 大さじ2
ラー油 … 大さじ1
水 … 大さじ1
豆板醤（トウバンジャン）… 小さじ1と1/2
こしょう … 少々
砂糖 … 少々

### 下ごしらえ

- きゅうりはピーラーでまだらに皮をむき、薄切りにして氷水に浸ける。

### 作り方

**1** ボウルにたれの材料をすべて入れ、よく混ぜ合わせる。

> 甘さや塩気は**砂糖**や**しょうゆの量**で調整してください。

**2** 鍋に湯1ℓ（分量外）を沸騰させて氷200g（分量外）を入れ、温度を75℃以上に保ち、肉を入れて1分以上ゆっくりと火を通す。色が白く変わったら取り出し、水気を拭き取る。

> 肉を入れると湯の温度が下がるので、**火はつけたまま**。豚肉にしっかり火を通してくださいね。

**3** 器に肉を二つ折りにして円形に並べ、きゅうりを中心に盛りつける。たれをたっぷりかける。

> **きゅうりはしっかり水気をきり**、ボール状にまとめるときれいです。

## 夏バテ解消！ 冬瓜と鶏手羽の簡単スープ

だしをとった鶏手羽先の半分を漬け汁に漬け込めば、おかずもできるうれしいレシピです。

### 材料　2〜3人分

冬瓜
　（縦に4等分にして種を取り、皮をむいて
　7〜8mmの厚さ）…400〜500g
鶏手羽先（先の部分を切り落とし、骨と骨
　の間に切り込みを入れて半分に切る）
　　　　…10本くらい
塩…少々
花椒（粉）…少々
水…2ℓ
A｜しょうゆ…大さじ5〜6
　｜みりん…大さじ1
　｜赤唐辛子…1本
B｜鶏がらスープの素…少々
　｜塩…適量
　｜こしょう…少々
ごま油…大さじ2

### 作り方

**1** 冬瓜はたっぷりの湯で5分ゆで、ボウルに取り出す。熱々のうちに塩と花椒をふって和え、しばらくおく。

> 下ゆですることで、鶏の旨みがしみ込みやすくなります。

**2** 別の鍋に水2ℓと鶏手羽先を入れ、中火にかける。沸いてきたらアクを取り、8分ほどゆでる。鶏手羽先の半量はさっと水気をきってAとともにジッパー付き保存袋に入れて30〜40分漬け込む。

> ゆでる時間は、水から火にかけてトータル10分が目安。切り落とした先はスープに入れて使ってもいいですよ。鶏は熱いうちに漬け込むのがコツです！

**3** 2の鍋に1を加えて10〜15分煮る。冬瓜が柔らかくなったら、Bで味をととのえ、ごま油を加える。器に盛り、お好みでごま油適量（分量外）をかける。

> スープの味つけはお吸い物より少し薄め。

時短レシピ❼

シーフードミックスとおでんパックで作る
# 大満足の八宝菜(はっぽうさい)

シーフードミックスとおでんパックを使って、ボリューム満点＆旨みたっぷりの八宝菜が作れます。おでんに入っている練り物が食感のアクセント！材料を順番に入れて数分ずつ煮るだけなので失敗知らずです。

### 材料　2〜3人分

- 冷凍シーフードミックス（えび、いか、あさりなど）…1袋（240g）
- 市販のおでん（こんにゃく、ちくわ、大根など）…1パック（1人前）
- にんじん（薄切り）…20g
- ブロッコリー…40g
- しいたけ（一口大）…2個分
- ロースハム（一口大）…40g
- しょうが（1cm四方の薄切り）…1かけ分
- 長ねぎ（1cm四方の薄切り）…4cm分
- A｜酒…大さじ2
  　｜しょうゆ…大さじ1
  　｜砂糖…小さじ1/2
  　｜こしょう…少々
- 片栗粉…小さじ1/2
- こしょう…少々
- サラダ油…大さじ1
- ごま油…大さじ1

### 下ごしらえ

- シーフードミックスは解凍して、片栗粉とこしょうを混ぜる。
- おでんは具材と汁を分け、汁はとっておく。具材の大きさをだいたい揃えて切る。
- ブロッコリーは小房に分けて下ゆでする。

## 1

フライパンにサラダ油を中火で熱し、しょうが、長ねぎを炒める。香りが立ってきたら、にんじん、ブロッコリー、しいたけを順に加えて炒め、最後にハムを加える。

**香味野菜を炒めて香りを十分に立たせ**、かたい野菜から丁寧に炒めましょう。

## 2

全体に油が回ったら、A、おでんの汁半量を加え、蓋をして中火で2分ほど煮る。

**蓋をして野菜を蒸し煮にすることで**、甘みを引き出し、火も早く通りますよ。

## 3

おでんの具材を加えて少し煮てから、シーフードミックスを加え、蓋をしてさらに中火で2〜3分煮る。仕上げにごま油を加え、全体を混ぜる。

**シーフードミックスはかたくならないように最後に入れましょう。**まぶした片栗粉でとろみがつきます！

時短レシピ ❽

## 冷凍えびで作る
# 本格えびチリ

時短でもおいしく仕上がるえびチリは、冷凍えびを解凍
してから下処理をしっかり行うことが重要なポイント！
弱火〜中火で加熱しながら材料に味をしみ込ませ、最後
に強火でソースをからめて仕上げましょう。

### 材料 2〜3人分

冷凍むきえび … 1パック（約20尾）
塩 … 適量
こしょう … 少々
溶き卵 … 1個分
片栗粉 … 適量
長ねぎ（みじん切り）… 15〜20cm分

| A | 豆板醤（トウバンジャン）… 大さじ1 |
| | にんにく（みじん切り）… 小さじ1 |
| | しょうが（みじん切り）… 小さじ1 |

| B | 鶏がらスープ … 大さじ3 |
| | 砂糖 … 大さじ2強 |
| | 酒 … 大さじ1 |
| | トマトケチャップ … 大さじ1 |
| | 塩麹 … 大さじ1 |

水溶き片栗粉 … 小さじ1
サラダ油 … 大さじ4
ラー油 … 適宜

### 下ごしらえ

- えびは解凍して塩・片栗粉各少々でよくもみ、水洗いして水気を拭き取る。

- ボウルにえびを入れ、塩・こしょう各少々をよくもみ込み、溶き卵大さじ1を加えてさらにもみ込む。

- 卵の水分がえびになじんだら、片栗粉大さじ1を加え、全体になじませる。

# 1

フライパンにサラダ油大さじ2を弱めの中火で熱し、えびを重ならないように並べる。表面の膜が固まるまで静かに焼き、ひっくり返す。色が白っぽく変わってきたら、いったん取り出す。

**えびの表面が固まるまで触りません！**

# 2

同じフライパンにサラダ油大さじ1、**A**を入れて弱火で炒め、香りを出す。油がオレンジ色っぽくなってきたら、長ねぎを加え、中火にして炒め、**B**を加えて煮立てる。

**豆板醤は弱火でゆっくり加熱して油に辛みや旨みを移してください！**

# 3

**1**を戻し入れ、火を強めてえびとソースをしっかりからめる。

## 4

水溶き片栗粉を加えてさっと混ぜ、火を弱める。残りの溶き卵を全体に回し入れる。

## 5

大きく混ぜながら卵を全体にからめ、仕上げにサラダ油大さじ1、お好みでラー油を加える。

> **ソースの量はえびにまとわりつくくらい**に仕上げるといいですね。

ひき肉をしっかり炒めて
# 本格マーボー豆腐

時短で作れる本格的な麻婆豆腐です。おいしく仕上げるコツは、肉から出た脂で豆板醤(トウバンジャン)をしっかり炒めて香りを引き出すことと、豆腐から出る水分を考慮してスープを少なめにしておくこと。これでグッと締まった、パンチのある味に！

### 材料 2～3人分

絹ごし豆腐 (大きめのさいの目)
　…300g
合いびき肉…100g
豆板醤…大さじ1
A | 長ねぎ (みじん切り)…10cm分
　　にんにく (みじん切り)
　　　…小さじ1
　　しょうが (みじん切り)
　　　…小さじ1
B | 鶏がらスープ…大さじ5
　　しょうゆ…大さじ1と1/2
　　酒…大さじ1
水溶き片栗粉…大さじ1
サラダ油…大さじ1
ラー油…大さじ2
　(お好みで調整してください)
ごま油…大さじ1と1/2
花椒(ホワジャオ)(粉)…適宜

### 下ごしらえ

・豆腐は熱湯を入れた耐熱ボウルに浸け、炒める前に温めておく。

## 1

フライパンにサラダ油を弱めの中火で熱し、ひき肉をほぐしながら炒める。色が変わってきたら豆板醤を加えて炒める。

> 肉から出た脂で豆板醤をしっかり炒め、香りを出しましょう。

## 2

Aを加えてさらに炒める。Bを加えて煮立て、水気をきった豆腐を加え、蓋をして3～4分煮込む。味をみて塩気が足りなければ、しょうゆ(分量外)で調整する。

> 香味野菜を加えたら香りが立つまで炒めてくださいね。

## 3

火を強め、よく混ぜた水溶き片栗粉を回し入れ、混ぜる。ラー油とごま油を回し入れ、混ぜてなじませ、お好みで花椒をふる。

> 豆腐を入れた後はおたまで手前から奥に押すように混ぜれば豆腐が崩れにくいですよ！

ひと手間かけておいしい！
# 濃厚！トマトの卵炒め

中華おかずの定番、トマトの卵炒めを作ります。極上のおいしさのポイントは、味が濃いミニトマトを使うこと。水分が少ないため、煮詰めるのに時間がかかりません。ぜひお試しを！

**材料** 2〜3人分

ミニトマト…1パック（約200g）
トマトジュース（食塩無添加）
　…100mℓ
卵…4個
塩・こしょう…各少々
サラダ油…大さじ4

**下ごしらえ**

- ミニトマトはヘタを取って湯むきし、大きさによって半分〜4等分に切る。
- 卵は塩、こしょうを加えてほぐしておく。

## 1

フライパンにサラダ油大さじ2を強めの中火で熱し、トマトを入れて角がとれるまでしっかり炒める。

> 生のトマトを炒めることで香りと旨みが出るんです！

## 2

トマトジュースを加え、かき混ぜながら強火にして水分が半分になるくらいまで煮詰め、いったん取り出す。

> トマトジュースを煮詰めると、コクが出ます。煮詰め具合は、**ヘラでかき混ぜたときに線ができるくらい！**

## 3

同じフライパンにサラダ油大さじ2を強火で熱し、卵液を一気に入れる。半熟になりかかったところで2を戻し入れて混ぜ、まだ早いかな？というくらいで火を止め、すぐに器に盛る。

> 混ぜるときは、**ぐ〜るぐ〜る、ゆっくり、やさしく混ぜて！**

5秒ルールが成功の秘訣！
# 究極のもやし炒め

節約食材のもやしを極上の一品に仕上げる究極のシンプル炒めです。ポイントは火を通しすぎないこと。5秒ゆでたもやしに強火でさっと調味料を混ぜるイメージで。香油（シャンヨウ）を使えば、さらに本格的な中華炒めになります。

### 材料　2〜3人分

- もやし…1袋
- しょうが（せん切り）…1かけ分
- A ｜ 酒…小さじ2
  ｜ しょうゆ…小さじ1
  ｜ 塩・こしょう…各少々
- サラダ油…大さじ2
- ごま油…小さじ1

**さらにおいしく**
サラダ油の代わりにp.117の「香油」を使って作ると、さらに香り高く仕上がる。

## 1

フライパンにたっぷりの湯を沸かし、塩少々とサラダ油小さじ1（各分量外）を入れる。沸騰したら、もやしを入れて5秒数え、すぐにざるに上げて湯をきる。

> 炒めたときに水っぽくならないように、**しっかり湯をきりましょう！**

## 2

同じフライパンにサラダ油大さじ2としょうがを入れて香りが立つまで炒める。

> **しょうがの香りを十分に立たせてください！**

## 3

強火にして1を入れる。すかさずAを加えてさっと混ぜ、仕上げにごま油を回し入れる。

> もやしは炒めすぎずにシャキシャキ感を残して。**調味料を入れてから炒めるのは10秒を目安に！**

時短レシピ ⑫

## 材料2つだけ！ きゅうりのガーリック炒め

材料は2つだけ。塩、こしょう、酢で味が決まります。きゅうりの大量消費にぜひどうぞ。

### 材料　2～3人分

きゅうり（まだらに皮をむき、長い細切り）
　…3本分
にんにく（2～3等分）…10かけ分
赤唐辛子…4～5本
花椒（ホワジャオ）（粒／あれば）…5～6粒
塩…小さじ1/2
こしょう…適量
水…大さじ3
酢…大さじ3
サラダ油…大さじ3
ごま油…大さじ1

### 作り方

**1** フライパンにサラダ油、にんにくを入れて弱火で炒める。こんがり色がついたら赤唐辛子、花椒を加える。香りが立ったらきゅうりを加えて強めの中火にして炒める。

> フライパンを傾けて、**にんにくを油に浸しながら炒めるといいですよ。**

**2** 油が全体に回ったら塩、こしょう少々を加え、きゅうりがしんなりしてくるまで炒める。水と酢を加えて全体をしっかり混ぜ、こしょう少々をふり、ごま油を回し入れる。

> **きゅうりに油をなじませてから、塩、こしょうをします。**味をみて足りなければ塩で調整してください。仕上げのこしょうで香りを引き立てて。

## 安い！早い！旨い！ やみつき白菜

旬の白菜をさっとゆで、熱した油をかけることで、すぐに味がしみ込み、いくらでも食べられます。

### 材料 2〜3人分

白菜（大きめにちぎる）…約1/2個
豚ばら薄切り肉…100g

A
| サラダ油…大さじ2
| 鶏がらスープの素…大さじ1
| 塩…少々

B
| 長ねぎ（白い部分／斜め薄切り）…1/2本分
| しょうが（せん切り）…1かけ分
| 干しえび（みじん切り）…大さじ2
| ザーサイ（みじん切り）…大さじ2
| 赤唐辛子（みじん切り）
|   …小さじ1（お好みで加減）

C
| サラダ油…大さじ6
| ごま油…大さじ1

D
| ナンプラー…大さじ2
| 酒…大さじ3
| しょうゆ・こしょう…各少々

### 作り方

**1** 大きめの鍋に湯をたっぷり沸かし、Aを入れる。白菜のかたい部分から先に入れ、すべて入れたら蓋をして4分ほどゆでる。

> かたい部分は手でギュッとつぶすと、亀裂が入って、火の通りがよくなりますよ。

**2** 1の湯に豚肉を加え、肉の色が白く変わったら、ざるに上げて水気をきる。

> 味のついた湯で白菜と豚肉を一緒にゆでることで旨みがしみ込むんです。

**3** 耐熱ボウルにBを順に重ねて入れる。小さめのフライパンにCを入れて火にかけ、うっすら煙が出るくらいまで熱し、ボウルに加える。全体をよく混ぜ、Dを加えてさらに混ぜる。2を加え、しっかり混ぜ合わせる。

> 赤唐辛子を一番上にして油を直接かけると、一気に香りが立ちます。

時短レシピ⑭

## しょうがとごま油の香りでやみつき！
# きゅうりの簡単しょうが和え

しょうがを油に漬けておくだけのしょうが醤(ジャン)を使えば、箸休めにもなる和え物がすぐできます。

### 材料　2〜3人分

きゅうり…2本
しょうが醤（p.115参照）…小さじ2
ごま油…小さじ1
塩…少々

### 下ごしらえ

- きゅうりは皮をむいて氷水に10分ほど浸けておく。
- 縦半分に切り、斜めに3〜4mm間隔で切り目を2本入れ、3回目に切り落とす。これを繰り返す。

### 作り方

**1** きゅうりをボウルに入れて塩をふり、表面に水分が出てくるまで混ぜ、ごま油を和える。

**2** 器に盛り、しょうが醤をかける。

> 左下の写真のように切り目を入れているので**味がしみ、食感もよくなるんです！**

> お好みで**実山椒の佃煮をかける**のもおすすめですよ！

## 材料3つ！ 10分で作る 翡翠豆腐

ほたての旨みとにらの香りを加えて、豆腐をご飯の進むおかずに仕立てましょう。

### 材料 2〜3人分

絹ごし豆腐（さいの目）… 150g
にら（みじん切り）… 1束分
ほたて水煮缶 … 1缶 (70g)
A｜長ねぎ（みじん切り）… 小さじ1
　｜しょうが（みじん切り）… 小さじ1
　｜にんにく（みじん切り）… 小さじ1
　｜豆板醤 … 小さじ1
サラダ油 … 50ml＋大さじ1/2
塩 … 小さじ1/2
鶏がらスープ … 100ml
水溶き片栗粉 … 大さじ1/2
ごま油 … 適宜
花椒（粉）… 適宜

### 作り方

**1** 豆腐は熱湯を入れた耐熱ボウルに浸けて温め、水気をきる。

> 鍋でゆでなくても豆腐が温まります！

**2** 耐熱ボウルににら、ほたてと缶汁、塩を入れてよく混ぜる。フライパンにサラダ油50mlを入れて火にかけ、うっすら煙が出てきたら、ボウルに加え、混ぜ合わせる。

> ほたて缶は箸でざっとほぐして汁ごと加えましょう！

**3** フライパンにサラダ油大さじ1/2を弱火で熱し、Aを炒める。香りが立ってきたら、1、2、鶏がらスープを加えて煮立たせ、全体を混ぜ合わせる。火を強めて水溶き片栗粉を加え、とろみをつける。仕上げにお好みでごま油と花椒をかける。

> おたまの背を手前から奥に押すように混ぜると、豆腐が崩れません。

時短レシピ⑯

## ツナ、豆腐、トマトを混ぜて 簡単ピリ辛丼

しっかり味つけしたツナで豆腐とトマトを和えるだけ。温かいご飯にのせてどうぞ。

### 材料 2〜3人分

絹ごし豆腐…200g
ツナ缶（油漬け）…1缶
ミニトマト（4等分に切る）…10個分
温かいご飯…適量
A｜にんにく（みじん切り）
　　…小さじ1〜2
　｜しょうが（みじん切り）
　　…小さじ1〜2
　｜塩…少々
サラダ油…大さじ2
B｜しょうゆ…小さじ1
　｜ラー油…小さじ1
　｜一味唐辛子…小さじ1/2（お好みで加減）
　｜花椒（ホワジャオ）（粉）…小さじ1/2（お好みで加減）
　｜こしょう…少々
ごま油…大さじ1
香菜（シャンツァイ）…適宜

### 下ごしらえ

・豆腐はキッチンペーパーで包んでしばらくおいて水気をきり、粗く崩す。
・トマトは湯むきすると、さらに口当たりがよくなる。

### 作り方

**1** 大きめの耐熱ボウルにAを入れる。小さめのフライパンにサラダ油を入れて火にかけ、うっすら煙が出るくらいまで熱し、Aにかける。ツナと缶汁、Bを加えて混ぜる。

> 熱した油をにんにくとしょうがにかけることで、香りが出て風味がよくなりますよ！

**2** 豆腐を加えてさっくり混ぜ、ごま油を回し入れる。ご飯とともに器に盛り、トマトをのせ、お好みで香菜を飾る。

> ツナで豆腐、トマトを覆うようにさっくり混ぜます。**混ぜすぎないように！**

時短レシピ⓱

## 必見！甘酢が決め手　とろとろ豆腐の天津丼

手近な材料、少ない調味料であっという間にできる、時短、簡単な丼です。

### 材料　2〜3人分

- 絹ごし豆腐…100g〜150g
- 溶き卵…2個分
- 豚ひき肉…50g
- 長ねぎ（みじん切り）…大さじ1
- 温かいご飯…適量
- A ｜ ごま油…小さじ2
  　｜ 塩・こしょう…各少々
- 酒…大さじ3
- サラダ油…大さじ1
- ごま油…少々

【合わせ調味料】
- 水…大さじ3
- しょうゆ・砂糖・酢…各大さじ2
- 鶏がらスープの素…小さじ1
- 水溶き片栗粉…小さじ1と1/2

### 下ごしらえ

- 豆腐は常温に戻し、キッチンペーパーで包んで水気をきり、粗く崩す。
- 合わせ調味料は混ぜておく。

### 作り方

**1** ボウルに豆腐、溶き卵、Aを入れて混ぜ合わせる。

**2** ご飯を器に盛る。フライパンにサラダ油を中火で熱し、1を入れて半熟になるまで炒め、ご飯にのせる。

> 先にご飯を器に盛るのを忘れずに！卵がとろとろになったら、すぐご飯にのせます。

**3** 同じフライパンでひき肉を中火で炒め、色が変わったら長ねぎ、酒を加え、煮立ったら合わせ調味料を加える。とろみがついたら、ごま油少々を回し入れ、2にかける。

> 酒を加えて少し煮立てると風味が出ますよ。

時短レシピ⑱

## かにかまで作る　かにレタスチャーハン

かにかまに下味をつけておくだけで、かまぼことは思えないおいしさになります。

### 材料　2～3人分

- 温かいご飯…250～300g
- かに風味かまぼこ（長さを半分に切り、ばらばらにほぐす）…100g
- レタス（一口大）…大きめの葉4枚分
- 溶き卵…1個分
- 酒…大さじ1
- 塩…少々
- こしょう…適量
- しょうゆ…大さじ1
- サラダ油…大さじ2

### 下ごしらえ

- かに風味かまぼこは酒大さじ1とこしょう少々をふり、和えておく。

### 作り方

**1** フライパンにサラダ油大さじ1を中火で熱し、溶き卵を流し入れる。半熟のうちにご飯を加え、すぐにひっくり返す。おたまの背で軽く押しながらご飯と卵が一体になるように炒め、塩、こしょう少々をふる。

> 卵を少し落としてジュッというくらいに油が温まってから卵を入れ、2～3回混ぜたら、すぐご飯を入れてください！

**2** フライパンを少し空け、下味をつけたかにかまを入れて軽く炒めてから火を強めてしっかり混ぜるように炒める。レタスを加え、大きく混ぜながら炒める。

> レタスは余熱でどんどん火が入るので、炒める時間は短めに！

**3** レタスが少ししんなりしたらサラダ油大さじ1を加え、しょうゆがジュッとなるように入れ、全体になじませる。全体を2～3回大きく混ぜる。

> フライパンの熱い部分にしょうゆを入れて香りを立たせます。

## 包丁いらず＆時短で絶品！ 上海焼きそば

カット野菜やコンビーフを使い、調味料も極力シンプルにした時短レシピでも、おいしさのポイントは逃しません。

### 材料 2〜3人分

中華蒸し麺…2玉
カットミックス野菜…2袋
コンビーフ（ほぐす）…1缶（80g）
A｜ごま油…大さじ1
　｜しょうゆ…小さじ1
B｜水…大さじ1
　｜サラダ油…小さじ1
　｜しょうゆ…小さじ1
　｜オイスターソース…小さじ1
　｜白こしょう…適量
サラダ油…大さじ1
ごま油…大さじ1

### 作り方

**1** 麺を耐熱ボウルに入れてほぐし、ラップをして電子レンジで2分加熱する。Aを混ぜ合わせる。

> 先に麺だけ温めておくことで、調味料を加えたときに、よくなじみます。

**2** フライパンにサラダ油を中火で熱し、1を広げ、両面を薄いきつね色がつくまで焼く。キッチンペーパーを敷いた皿に取り出し、ほぐす。

> 焼くときは触らないで！ 表面はカリッと、中は柔らかく仕上がり、食感にアクセントがつきます。

**3** 同じフライパンにコンビーフを入れ、ほぐしながら中火で炒める。パラパラになったら野菜を加えて炒め、野菜がしんなりしたらBを混ぜ、2を戻し入れる。全体を混ぜながら炒め、ごま油を回し入れる。

> 野菜の水分が出たら調味料を加えましょう！

時短レシピ⑳

### つるつる箸が止まらない
# 15分で作る！ピリ辛担々うどん

買いおきの冷凍うどんとひき肉があれば、あっという間に完成です。

**材料** 1人分

冷凍うどん（ゆでた中華麺でもOK）…1玉
豚ひき肉…50g
豆板醤（トウバンジャン）…小さじ1/2
A｜長ねぎ（みじん切り）…大さじ1
　｜しょうが（みじん切り）…小さじ1
　｜にんにく（みじん切り）…小さじ1
　｜赤唐辛子（輪切り）…少々
鶏がらスープ…400ml
B｜ごま油…大さじ1
　｜塩…小さじ1/2
　｜しょうゆ…少々
小ねぎ（小口切り）…適量
ラー油…適宜
花椒（ホワジャオ）（粉）…適宜

**作り方**

**1** フライパンを中火で熱してひき肉を炒め、豆板醤、Aの順に加えて香りが出るまで炒める。鶏がらスープを加え、煮立ったらアクを取り、5分ほど煮る。

**2** 冷凍うどんを加え、蓋をして1分ほど煮る。味をみてBを加える。

**3** 器に盛り、小ねぎを散らし、お好みでラー油をかけ、花椒をふる。

> 豆板醤はものによって塩分が違うので、味をみて塩の量を調整してください。

冷凍うどんにぴったり！
# お手軽肉みそでジャージャン麺

**今回はパパッとできる簡単編です。本格的に作る場合は、たけのこやしいたけなども加えてください。**

### 材料　2人分

冷凍うどん（中華麺でもOK）…2玉
豚ひき肉…100g
きゅうり（長さを3等分にしてせん切り）
　…1本分
長ねぎ（みじん切り）…5cm分
しょうが（みじん切り）…小さじ1
A｜しょうゆ…大さじ5
　｜甜麺醤（テンメンジャン）…大さじ3
　｜酒…大さじ2
　｜砂糖…大さじ2
鶏がらスープ…大さじ5
水溶き片栗粉…大さじ2
サラダ油…大さじ1
ごま油…大さじ2

### 作り方

**1** フライパンにひき肉を入れて弱火で炒める。色が変わってきたらサラダ油を加えてさらに炒める。全体に白っぽくなったら長ねぎ、しょうがを加えて火を強め、香りが立つまで炒める。

**2** Aを加えてなじませ、鶏がらスープを加える。水溶き片栗粉でとろみをつけ、ごま油を回し入れる。

**3** 冷凍うどんを袋の表示通りにゆで、しっかり湯をきって器に盛る。2をかけ、きゅうりを添える。

> 甜麺醤はものによって甘みが違うので、味をみてから砂糖（分量外）で調整してください！

> うどんをゆでている湯を器に入れて器を温めておくといいですよ！

Column

## 本格スープが、ほったらかしで30分！
## だしをとったひき肉も使います！

## 何にでも使える万能スープ
# ひき肉だけで作る清湯(チンタン)スープ

ひき肉だけで作る簡単で本格的なスープです。だしをとったひき肉は、野沢菜漬けの旨みをプラスしてリメイクします（→p.50）。

**材料** 作りやすい分量

鶏ひき肉…250g
豚ひき肉…250g
しょうが（薄切り）…1かけ分
長ねぎ（青い部分）…10cm
水…1ℓ

**1** 鍋に水、ひき肉を入れて箸でよく混ぜてほぐす。鍋を強火にかけて混ぜる。

> 火にかける前に**ひき肉を入れてほぐす！**

**3** 表面が静かにポコポコする程度の火加減で30分ほど煮る。キッチンペーパーをのせたざるでこして冷まし、密閉容器などに入れて保存する。

> **触らず、じっくりがポイント！**

**2** 肉のかたまりがなくなったら、しょうが、長ねぎを加える。混ぜずにそのまま加熱し、沸騰直前で弱火にしてアクを取る。

> 混ぜない、沸騰させない！ それがクリアなスープをとるコツです。

**4** クリアなスープのでき上がり。目安は500〜600㎖。冷蔵保存2日、冷凍保存約1ヶ月。ひき肉は醤(ジャン)にして使いきる（→p.50）。

> 油脂分が苦手な方は、**冷めた後、固まった脂を取り除いて。**

だしをとったひき肉でArrange

## 無駄なく使う
## ひき肉醤(ジャン)

ご飯、麺、豆腐などに
のせて食べる便利な作りおき

### 材料と作り方　作りやすい分量

**1** フライパンにサラダ油大さじ1を中火で熱し、にんにく(みじん切り)小さじ1を炒め、香りが立ったら野沢菜漬け(みじん切り／汁をきる)100gを炒める。

**2** 香りが立ったら、清湯スープ(チンタン)でだしをとったひき肉全量を加えて炒める。酒大さじ2、しょうゆ・オイスターソース各大さじ1、こしょう少々を加えてさらに炒め、鶏がらスープの素小さじ1/2、ごま油大さじ1を回し入れる。

保存期間＊冷蔵1週間

## もやしと炒めるだけ
## ひき肉醤で合わせそば

ひき肉醤ともやしを炒めるだけで、まぜそばの具が完成。
清湯スープの旨みもプラス！

### 材料　1人分

中華麺…1玉
もやし…1/2袋
ひき肉醤…大さじ3
**A** | しょうゆ…大さじ1
　　　| ごま油…大さじ1
　　　| 塩・こしょう…各少々
清湯スープ…大さじ3
ごま油…大さじ1
小ねぎ(小口切り)…適宜

### 作り方

**1** 麺を袋の表示通りにゆでる。その間に温めた器にAを入れてよく混ぜる。

**2** フライパンにごま油を熱し、もやし、ひき肉醤を炒める。清湯スープを加え、さっと大きく混ぜる。

> シャキシャキ感を残すために炒めすぎないように。

**3** ゆで上がった麺を1の器に入れ、素早くたれとからめて2をのせ、お好みで小ねぎをふる。

第2章

"これ"だけ知れば
おいしくできる
# 基本の"き"

基本のき ❶

## 水で煮る！ しょうが風味でしみじみおいしい
# 鶏手羽大根

甘辛味で濃いめに仕上げるのがポピュラーな定番の中国風煮込みですが、今回は鶏手羽先の旨みを生かして、水だけで煮て、鶏のスープ多めの上品な味つけに。大根は下ゆでしてアク抜きすること！ おつまみにもご飯のおかずにもおすすめです。

### 材料 2〜3人分

鶏手羽先…12本（約800g）
大根（1.5cm厚さのいちょう切り）…1/2本分
A｜ しょうが（1cm四方の薄切り）…1かけ分
　｜ 砂糖…大さじ3
　｜ 酒…大さじ2
しょうゆ…適量
水…500mlくらい（ヒタヒタになる量）
ごま油…大さじ2
花椒（粉）ホワジャオ…少々
ゆでさやえんどうなど…適宜

### 下ごしらえ

・手羽先は先の部分を切り落とし、骨と骨の間の筋を切り、しょうゆ大さじ2をからめる。

・切り落とした先にもしょうゆ大さじ1をからめる。

## 1

沸騰した湯に大根を入れて5分ほどゆで、ざるに上げて湯をきる。

> 大根は下ゆですれば、**苦みや渋みが取れて上品に仕上がりますよ！**

## 2

フライパンに手羽先の皮目を下にして並べ、中火で焼く。こんがり焼き色がついたらひっくり返し、両面を焼く。

> 油はひかなくてOK。手羽先から**脂が出て香ばしく焼けます。**

## 3

Aを順に加えて炒め、少しとろみが出てきたら、しょうゆ大さじ3を加える。火を強めて手羽先にからめるように炒める。

> 砂糖を入れたら**少しカラメル状にしてから**酒を入れてください。

## 4

ヒタヒタになる量の水を加え、煮立つまでの間に手羽先の先の部分を別のフライパンでさっと炒めて加え、10分ほど煮る。

**切り落とした先からもおいしいだしが出る**ので無駄なく使いましょう！

## 5

大根を加え、蓋をして火を弱め、時々混ぜながら20分ほど煮込む。

強火で煮ると大根がかたくなります。火加減は**ポコポコと沸く程度**にします。

## 6

火を強めてしょうゆ小さじ1とごま油を回し入れる。器に盛り、花椒をふり、お好みでゆでさやえんどうを散らす。

仕上げに入れるしょうゆとごま油で、フレッシュな**香りと風味がつき、照りが出ます。**

基本のき❷

# 下味が決め手！
# 鶏のカシューナッツ炒め

中国料理の定番がフライパン1つで作れます。最大のポイントは、鶏肉に下味をつけ、卵と片栗粉でコーティング（漿（チャン））をすること。このひと手間で格上げのおいしさになりますので、ぜひお試しください。

## 材料　2〜3人分

鶏もも肉（2〜3cm角）…1枚分（約250g）
カシューナッツ（素焼き／無塩）…30g〜40g
ピーマン（2〜3cm四方）…1個分
長ねぎ（1cm四方の薄切り）…5cm分
しょうが（1cm四方の薄切り）…1かけ分
塩・こしょう…各少々
溶き卵…1/3個分
片栗粉…小さじ1

### 【合わせ調味料】

水…大さじ2
しょうゆ…大さじ1
オイスターソース…小さじ1/2
砂糖…小さじ1/2
鶏がらスープの素…少々
水溶き片栗粉…小さじ2

サラダ油…適量
ごま油…大さじ1

## 下ごしらえ

- 鶏肉はボウルに入れて塩、こしょうを加えて混ぜる。溶き卵を加え、さらによく混ぜ、なじんだら、片栗粉を混ぜる。

- 合わせ調味料は混ぜておく。

# 1

フライパンにピーマンが浸るくらいのサラダ油を中火で熱し、ピーマンをさっと炒め、いったん取り出す。

> ピーマンは**さっと火を通し、しっかり油をきりましょう。**

# 2

同じフライパンに鶏肉を入れ、弱めの中火で時々混ぜながら火を通し、油ごといったんざるなどに取り出して油をきる。

> 鶏肉は思いのほか火が入りにくいので、**ゆっくり火を通してください。**

# 3

同じフライパンで長ねぎ、しょうがを炒め、**2**の鶏肉を戻し入れる。

> **長ねぎ、しょうがの香りが立ってきたら鶏肉を戻す！**

## 4

さっと炒め合わせたら合わせ調味料を回し入れる。

> 合わせ調味料は片栗粉が沈んでいるので、**かき混ぜてから加えてください！**

## 5

カシューナッツ、**1**のピーマンも加え、強火にして大きく全体を混ぜ、ごま油を加える。

> **材料を加えるたびに2～3回手早く**さっと混ぜ合わせますよ。

基本のき❸

## ジューシーすぎ！切り方と下味にコツあり

# Wakiya流
# 究極の鶏のから揚げ

味の決め手はナンプラー！ そして、塩、こしょう、酒で下味をつけ、卵とパン粉を加えて鶏肉にまとわせるのがコツ。これが絶対においしくなるWakiya流。やみつきになること間違いなしです！

### 材料　2〜3人分

鶏もも肉…2枚（約500g）

A　ナンプラー…小さじ1
　　（なければ塩小さじ½程度でOK）
　　塩・こしょう…各少々
　　酒…大さじ1
　　にんにく（すりおろし）…大さじ1
　　溶き卵…1個分
　　一味唐辛子…小さじ1（お好みで加減）

パン粉…大さじ2
片栗粉…大さじ4〜5
揚げ油…適量
穂じそやセロリの葉など…適宜

### 下ごしらえ

- 鶏肉は筋の部分を包丁の角で叩いて切ってから約40gの大きさに切る。

  鶏肉を**同じ大きさに切る**のがコツ。

## 1

ボウルに鶏肉を入れ、**A**を順に加えてよく混ぜる。

> **調味料は一度に混ぜませんよ**。加えるたびに混ぜると、よくなじみます。

## 2

パン粉を加えてしっかり混ぜてから15分ほどおく。

> パン粉？と思われるかもしれませんが、表面を覆うことで**揚げたときにカリッと仕上がります**。かくし味のようなものです。

## 3

片栗粉大さじ3を均一にまぶす。さらに大さじ1～2を足してまぶす。

> **片栗粉は2回に分けて加える**ことでしっかりなじみます。

## 4

揚げ油を170℃に熱し、皮を伸ばして皮目を下にして入れる。表面が固まってきたらひっくり返す。

> 鶏肉の**水分が抜けてくると、チリチリ、ピチピチと音が高くなります。**

## 5

入れてから4分を目安に揚げていったん取り出し、4分ほどおく。

> **半分ほど火が入っている状態。**余熱で中までゆっくり火が入りますよ。

## 6

油の温度を180℃に上げ、**5**を入れて1分ほど揚げ、しっかり油をきる。器に盛り、お好みで穂じそやセロリの葉などを添える。

> 二度揚げは表面をカリッとさせるのが目的。**1分を目安に**します。

基本のき❹

## 二度揚げのコツ＆秘伝の柑橘ソース！
# 油淋鶏
（ヨウリンヂィ）

鶏もも肉を使った油淋鶏とWakiya秘伝のソースをご紹介します。カラリと揚げたから揚げに、グレープフルーツの甘みとほろ苦さが加わった柑橘ソースがぴったり。爽やかにいただけます。ぜひ一度お試しください。

### 材料　2〜3人分

鶏もも肉（約40gの大きさに切る）…1枚分（約300g）

A｜酒…大さじ2
　｜しょうゆ…大さじ1
　｜塩・こしょう…各少々

片栗粉…大さじ1
小麦粉…大さじ2

【柑橘ソース】
グレープフルーツ…1/2個

B｜長ねぎ（みじん切り）…5cm分
　｜しょうが（みじん切り）…1かけ分
　｜パセリ（みじん切り）…適量

C｜しょうゆ…大さじ3
　｜砂糖・ごま油…各大さじ2
　｜酢…大さじ2
　｜（柑橘の酸味によって調整）
　｜こしょう…少々

揚げ油…適量
グレープフルーツ（飾り用／5mm厚さの半月切り）…1/2個分

## 1

ソースを作る。ボウルにBを入れ、グレープフルーツの半量は薄皮をむいて果肉をほぐし、残りは搾って果汁をボウルに加える。Cを加えてよく混ぜ合わせる。

> グレープフルーツの**甘みと苦みが鶏肉にぴったり！**柑橘はお好みのものでも。

## 2

別のボウルに鶏肉を入れ、Aを加えてよくもみ込み、片栗粉、小麦粉を混ぜる。

> **全体にしっかりなじませる**のがコツ！

## 3

揚げ油を170℃に熱し、**2**を入れ、4分を目安に揚げていったん取り出し、4分ほどおく。油の温度を180℃に上げ、1分ほど揚げる。飾り用のグレープフルーツを敷いた器に盛り、**1**をかける。

> **休ませる間に余熱で火が入り**、中はジューシー、再度揚げて表面はカリッと。

基本のき ❺

火入れが決め手！
# しっとり&旨辛
# ごまだれ棒棒鶏
バンバンヂィ

棒棒鶏のレシピ決定版！鶏むね肉はしっとり、ごまだれはリッチかつピリッと引き締まった味。ごまだれは多めに作って豚しゃぶや蒸し野菜などにも！

**材料** 2～3人分

鶏むね肉…1枚（約250g）
長ねぎ（青い部分）…5cmくらい
しょうが（薄切り）…1かけ分
きゅうり…1本
塩・こしょう…各適量
ごま油…大さじ1

【ごまだれ】
芝麻醤（チーマージャン）（または練りごま）…大さじ3
豆板醤（トウバンジャン）…小さじ1（お好みで調整）
湯または温かい中国茶…大さじ2

A｜ごま油…大さじ2
　｜砂糖…大さじ1
　｜ラー油…大さじ1（お好みで調整）
　｜酒・しょうゆ…各大さじ1
　｜酢…小さじ1

B｜長ねぎ（みじん切り）…10cm分
　｜しょうが（みじん切り）…小さじ1
　｜にんにく（みじん切り）…小さじ1

**下ごしらえ**

・鶏肉は皮をはずして厚みを均一にし、両面に塩（皮なしの肉の重さの1％の量）、こしょう少々をなじませる。
・ジッパー付き保存袋に鶏肉、はずした鶏皮、長ねぎ（青い部分）、しょうが（薄切り）を入れ、空気を抜いてきっちり閉じる。
・きゅうりはまだらに皮をむいて叩いて割り、食べやすく切る。

# 1

鍋に水2ℓ（分量外）、皿を入れて袋をのせ、浮かないように皿をのせる。強めの中火にかけ、8分たったら火を止め、蓋をしてそのまま8分おく。袋ごと氷水にとり、急冷する。

> 蓋をすることで鶏肉にゆっくり火が通る。**火が入りすぎないように時間を守り、氷水で加熱を止めます。**

# 2

ごまだれを作る。ボウルに芝麻醤と豆板醤を入れ、混ぜてから湯を加えて香りを出し、よく混ぜる。Aを加えて混ぜ、さらにBを加えて混ぜる。

> 材料を加えたら、**その都度なめらかになるまでよく混ぜてください。**

# 3

きゅうりに塩・こしょう各少々をふり、ごま油をからませ、器に盛る。冷めた鶏肉をそぎ切りにしてから細切りにしてのせ、2をかける。

> きゅうりは叩いて**表面積を大きくし**、鶏肉はそぎ切りにして**繊維を断つ**と歯ざわりが柔らかいですよ。

基本のき❻

## 歓声が上がる！おもてなしにも！

# トンポーロー

とろとろに煮込んだ豚ばら肉を、にんにくと唐辛子の風味をきかせて仕上げたトンポーローです。1時間ほどゆでて余分な脂を落としてから、甘辛い煮汁で2時間ほど煮込むのがコツ。時間をかけて作る価値のある一品！

**材料** 作りやすい分量

豚ばらかたまり肉…500g×2
しょうが…1かけ
にんにく…10かけ
赤唐辛子…10本
砂糖…150g
水…1ℓ
しょうゆ…150㎖
酒…大さじ3
サラダ油…大さじ4
ごま油…大さじ1

**さらにおいしく**

豚前ばら肉は、ばら肉より脂が少なく、赤身と脂のバランスがよいのが特徴。濃い味わいとジューシーさを楽しめます。精肉店などで、扱っているか聞いてみましょう。

## 1

豚肉はたっぷりの湯で50〜60分弱火でコトコトゆでる。湯が少なくなったら足す。

> ちょっとしたことですが、**脂身側を上にしてゆでます。**脂は肉より軽いので、脂を下にすると浮いて、肉に火が通りにくくなります。

## 2

別の鍋を弱火にかけ、砂糖を入れ、溶けてきたら火を止める。

> **カラメル状になったら火を止めて！**苦くなるので焦がしすぎないように。

## 3

水1ℓを加えて再び中火にかけ、混ぜて砂糖を完全に溶かし、しょうゆを加える。**1**、しょうがを加えて沸騰したら弱火にし、キッチンペーパーをかぶせ、蓋をする。

> はねるので**必ず火を止めてから水を入れましょう。**

## 4

1時間30分〜2時間を目安に、煮る。途中で水分がなくなったら、水を足す。肉は器に盛り、汁はとっておく。

> **箸を刺してすっと通るくらい**の柔らかさになるまで煮ます。

## 5

フライパンにサラダ油、にんにくを入れて弱火でゆっくり炒め、こんがりしたら赤唐辛子を加えてさらに炒める。**4**の煮汁をすべて入れて強火で煮立て、酒を加えて煮詰め、ごま油を加える。肉にかける。

> **とろみがつくまで**しっかり煮詰めてください。肉の旨みも加わって、ものすごくおいしいですよ。

基本のき❼

## 失敗しない！
# 黒酢のミルフィーユ酢豚

かたくなりがちな豚肉も、しゃぶしゃぶ用肉を巻いて使えば、柔らかくジューシーに！玉ねぎやパプリカは生のスライスを盛りつけるのがWakiya流。黒酢の濃い味とさっぱりとした生野菜のバランスが絶妙です。

### 材料　2〜3人分

豚ばらしゃぶしゃぶ用肉
　…6枚（約100g）

※6個分。作りたい個数で枚数を調整してください。

塩・こしょう…各少々
片栗粉…適量
A｜片栗粉・小麦粉…各小さじ1
　｜水…小さじ2

【合わせ調味料】
黒酢・トマトケチャップ・砂糖
　…各大さじ3
オレンジジュース…大さじ1
塩…少々
水溶き片栗粉…小さじ1

サラダ油…適量
玉ねぎ（薄切り）…1/2個分
パプリカ（薄切り）、香菜など…適宜

### 下ごしらえ

・合わせ調味料は混ぜておく。

## 1

豚肉を広げ、塩、こしょうをふり、ジグザグに巻いてボール状にする。片栗粉を薄くまぶし、手でなじむように丸める。ボウルにAを混ぜ合わせ、肉にからませる。

> ギュッと巻かず、**中に空気を入れるようにする**と、柔らかく仕上がりますよ。

## 2

少し多めのサラダ油を160℃に熱して1を入れ、表面が固まり、うっすら色づいたらひっくり返し、ゆっくり揚げ焼きにし、いったん取り出す。

> フライパンを傾ければ少量の油でもOK！ 油通しがわりです。

## 3

フライパンの油を取り除き、合わせ調味料を入れて中火にかけ、ふつふつ沸いてきたら、2を入れる。強火にして肉にしっかりとからませ、サラダ油大さじ1を回し入れる。野菜を敷いた器に盛る。

> 肉に合わせ調味料をしっかりからませると**ツヤが出ますよ**。

基本のき ❽

ご飯とビールのおともに！
# ピリッと爽やか マーボー春雨

具材は春雨とひき肉、きゅうりだけ！作り方もシンプルなマーボー春雨です。生とは違う炒めたきゅうりのおいしさをぜひお試しください。調味料は2回に分けて加えることで、ちょうどいい味わいに仕上がります。

### 材料 4〜5人分

- 豚ひき肉…100g
- 春雨（乾燥）…30〜40g
- きゅうり（5mm厚さの斜め切りにしてやや太めのせん切り）…2本分
- 豆板醤（トウバンジャン）…小さじ1（お好みで加減）
- A
  - 長ねぎ（せん切り）…5cm分
  - しょうが（せん切り）…1かけ分
  - にんにく（せん切り）…1かけ分
- B
  - 鶏がらスープ…500〜600ml
  - 酒…大さじ2
  - しょうゆ…大さじ1
  - 砂糖…小さじ1
  - こしょう…少々
- 塩…適量
- サラダ油…大さじ1
- ごま油…大さじ1
- 花椒（ホワジャオ）（粉）・ラー油…各適宜

### 下ごしらえ

- 春雨は耐熱ボウルに入れて熱湯をたっぷりかけ、ラップをして3〜5分おいて戻す。

## 1
きゅうりはボウルに入れて塩小さじ1をふり、軽くもむ。しばらくおいてから水分を絞る。

> 炒める前に**塩もみし、余分な水分を出しておく**のがコツ！

## 2
フライパンにサラダ油、ひき肉を入れて弱火で炒める。脂が出てパラパラしてきたら、豆板醤を加えて香りを出す。Aを加えて中火にして炒め、香りが立ってきたら、Bを加える。煮立ってきたら春雨を加え、蓋をして5分ほど煮る。

> スープの量は**春雨がヒタヒタになるくらい**が目安！

## 3
シャバシャバ感がなくなったら、味をみて塩少々、ごま油を加える。汁気が完全になくなったら、1を加え、さっと炒め合わせる。お好みで花椒、ラー油をかけても。

> 春雨が**スープを吸いきる**まで煮てくださいね。

基本のき❾

必ずおいしくできる
# 牛肉とパプリカの香り炒め

材料は同じ大きさに切る、肉は下味をつける、合わせ調味料を混ぜておく、盛りつける皿を出しておくなど、基本の炒め物は下準備と段取りがポイント！こうすることで肉は柔らか、野菜はシャキシャキの炒め物がだいたい5分で完成！

**材料** 2〜3人分

牛ステーキ用肉
　（6〜7cm長さの5mm幅）…150g
塩・こしょう・片栗粉…各少々
パプリカ・ピーマン
　（あれば3色/太めの短冊切り）
　…各50g
A｜長ねぎ（1cm四方の薄切り）
　　…3〜5cm分
　｜しょうが（1cm四方の薄切り）
　　…1かけ分

【合わせ調味料】
水…大さじ1と1/2
酒…大さじ1/2
しょうゆ…大さじ1/2
砂糖…小さじ2
オイスターソース…小さじ1/2
こしょう…少々

サラダ油…適量
ごま油…大さじ1

**下ごしらえ**
- 牛肉に塩、こしょう、片栗粉をふる。
- 合わせ調味料は混ぜておく。

# 1

フライパンにサラダ油を中火で熱し、パプリカ、ピーマンをさっと炒め、いったん取り出し、油をきる。

> 油通しのかわりに野菜を浸るくらいの油でさっと炒めると、色鮮やかに。

# 2

1の油を取り除き、フライパンをさっと拭いてごま油を中火で熱し、牛肉を炒める。牛肉がピンク色になったらAを加えて炒め、香りが立ってきたら、合わせ調味料を加える。

> 牛肉は**完全に火を通さなくてかまいません！**

# 3

1を戻し入れ、強火にして汁気がなくなるまで一気に炒め合わせる。

> **最後に強火で炒めて、**牛肉に火を通しすぎず、柔らかく仕上げましょう。

基本のき❿

## 失敗しない段取りで
# レバニラ炒め

レバニラ炒めのポイントは3つ！ 新鮮な鶏レバーを買う
こと、下味をつけてしばらくおくこと、もやしを温めてお
くこと。これらのポイントを押さえれば、野菜はシャキ
シャキ、レバーはふっくらのレバニラが必ずできます。

**材料** 2〜3人分

鶏レバー…200g
もやし…1袋
にら（5cm長さ）…1束分
長ねぎ（1cm四方の薄切り）…7〜8cm分
しょうが（1cm四方の薄切り）…1かけ分
にんにく（薄切り）…3〜4かけ分
A ｜ 酒…大さじ1
　｜ しょうゆ…小さじ1
　｜ こしょう…少々
片栗粉…小さじ1

【合わせ調味料】
しょうゆ…大さじ2
酒…大さじ1
砂糖…大さじ½
こしょう…少々

ごま油…適量
サラダ油…適量
こしょう…少々

**下ごしらえ**

・レバーは一口大に切って**A**を混ぜ、片
　栗粉小さじ1、ごま油大さじ½を混ぜ、
　10〜15分おく。

・合わせ調味料は混ぜておく。

# 1

鍋に湯を沸かし、サラダ油少々を加え、もやしをざるに入れ、10秒くぐらせる。

> もやしはゆでるのではなく、**温めておく程度に**！ 仕上げの炒め時間が短くて済み、シャキシャキに仕上がります。

# 2

フライパンにサラダ油大さじ1、にんにくを入れて弱火で炒める。香りが立ってきたら、ごま油大さじ1強を加え、長ねぎ、しょうがを中火で炒め、香りが十分に出たところで下味をつけたレバーを加える。

> にんにくは**香りを油に移すように弱火で炒めてください**！

# 3

レバーが膨らんで表面の色が変わってくるまで、弱火でゆっくり炒める。

> 最初から強火で炒めるとレバーがギュッと縮んでかたくなり、食感が悪くなります。**ここでは5割くらい火を通します。**

# 4

合わせ調味料を加え、強火にして全体をさっと混ぜる。

**炒める作業は手早く。**ここではレバーに8割くらいまで火を通します。

# 5

もやし、にらを加え、大きく混ぜながら炒め、こしょうをふる。

さっと全体を2〜3回混ぜて、野菜はシャキシャキに、**レバーはちょうど火が通った状態で仕上げましょう。**

基本のき⓫

極みの一品
# えびとほうれん草の塩炒め

調味料を極力減らし、えびの風味やプリプリ感を引き出した塩炒めの作り方をご紹介します。下ごしらえをきちんとすれば、高級なえびでなくても絶品の仕上がりに！ 野菜もしっかり取れて栄養バランス満点の一品です。

## 材料　2〜3人分

冷凍むきえび…小12尾
ほうれん草…1/2束
卵白…大さじ1
A｜酒…大さじ1
　｜水…大さじ1
　｜長ねぎ（せん切り）…5cm分
　｜しょうが（せん切り）…1/2かけ分】
鶏がらスープ…大さじ3
酒…少々
塩・こしょう・片栗粉…各適量
サラダ油…大さじ1と1/2
バター…大さじ1/2

## 下ごしらえ

- えびは解凍して塩・片栗粉各少々でよくもみ、水洗いをして水気をしっかり拭き取る。
- えびに塩・こしょう・酒各少々をよくもみ込む。粘りが出てきたら、卵白を加える。
- 卵白がえびに完全になじんだら、片栗粉小さじ1を全体に混ぜ、サラダ油大さじ1/2も全体に混ぜる。

- ほうれん草は適当な長さに切り、葉と軸を分ける。

# 1

フライパンにサラダ油大さじ1/2とバターを入れて中火で熱し、ほうれん草の軸を炒め、油が全体に回ったら葉を入れてさっと炒める。

バターを使って**コクを出します**！

# 2

Aを加えて、さっと炒め、蓋をして1分30秒ほど煮て塩少々をふる。

ねぎとしょうがで**味に奥行きを出します**！

# 3

ざるに上げてほうれん草とスープを分け、スープに鶏がらスープを加え、塩、こしょうでお吸い物よりやや濃いめに味をととのえる。片栗粉小さじ1/2を加えてよく混ぜ合わせる。

ほうれん草の旨みが出たスープを**ソースにします**よ。

## 4

フライパンにサラダ油大さじ½を入れ、えびを並べ、弱めの中火で両面を焼く。

> **えびの表面が固まるまで触らないこと！** ほんのり火が入っている状態になったら、ひっくり返してください。

## 5

**3**のスープを回し入れ、とろみがつくまで全体を混ぜ合わせ、器にほうれん草とともに盛り合わせる。

> **ソースの旨みをえびにからませて、** ほうれん草と味の一体感をもたせます。

基本のき⑫

## プリプリに仕上げる
# えびのフリッター

えびのピンク色が華やかでごちそう感のある揚げ物です。えびの下ごしらえをきちんとするのがコツ。お好みで花椒(ホワジャオ)やカレー粉を混ぜた塩をふってお召し上がりください。マヨネーズをつけてもおいしいです。

### 材料　2〜3人分

冷凍むきえび…15尾（約150g）
塩…適量
こしょう…少々
卵白…大さじ1
片栗粉…適量

【ころも】
薄力粉…75g
水…85g
ベーキングパウダー…小さじ1/2強
サラダ油…小さじ1

揚げ油…適量
レモン・レタス・花椒塩…各適宜

### 下ごしらえ

- えびは解凍して塩・片栗粉各少々でよくもみ、水洗いをして水気をしっかり拭き取る。
- えびに塩・こしょう各少々をもみ込み、粘りが出てきたら卵白を加えてよくもみ込む。
- 卵白がえびに完全になじんだら、片栗粉小さじ1を加えて全体になじませる。

## 1

ころもを作る。ボウルに薄力粉をふるい入れ、水を加えて泡立て器で混ぜる。ベーキングパウダー、サラダ油を加えて混ぜ合わせる。

**混ぜすぎないように。** グルテンができて食感が悪くなります。

## 2

揚げ油を160℃に熱し、えびのしっぽを持ち、**1**をつけて入れる。

**しっぽにはころもをつけず、** きれいなピンク色に仕上げますよ。

## 3

油の温度を180℃まで上げてカリッと揚げ、油をきる。器に盛り、お好みでレモンやレタス、花椒塩を添える。

**油の温度を少しずつ上げながら** カリッと揚げてください！

## 定番にしたいおかず中華
# 家常豆腐
（ジャチャンドウフゥ）

家常とは中国家庭料理のこと。厚揚げと豚ばら肉、野菜を炒め、豆板醤(トウバンジャン)と甜麺醤(テンメンジャン)でしっかり味をつけた、ご飯が進むおかずです。今回は片栗粉を使わず、最後に入れる卵で全体の味をやさしくまとめます。

### 材料 2～3人分

- 厚揚げ…1パック（約200g）
- ゆでたけのこ…中1個（50g）
- 豚ばら薄切り肉（2cm幅）…50g
- しいたけ（半分に切る）…3個分
- ピーマン（一口大）…1個分
- 溶き卵…2個分
- A
  - 長ねぎ（1cm四方の薄切り）…大さじ1
  - しょうが（1cm四方の薄切り）…大さじ1
  - にんにく（薄切り）…2かけ分
- 豆板醤…小さじ1
- 甜麺醤…大さじ1
- B
  - 酒…大さじ2
  - しょうゆ…大さじ1
  - 砂糖…小さじ2
- 鶏がらスープ…約300㎖
- サラダ油…適量
- ごま油…大さじ1強
- ラー油…適宜

### 下ごしらえ

- 厚揚げは厚さを半分にして三角形に切り、沸かした湯に通して油抜きする。
- たけのこは湯通しして水気をきり、一口大に切る。

## 1

フライパンにサラダ油少々を中火で熱し、ピーマンをさっと炒め、いったん取り出す。豚肉、Aを入れて中火で炒める。香りが立ってきたら、サラダ油大さじ1を加える。火を弱め、豆板醤、甜麺醤の順に加えて炒める。

> 香りを出したい**豆板醤を先にしっかり炒めてから、**甜麺醤を加えてください。

## 2

油となじんできたところでBを加えて炒める。鶏がらスープ、厚揚げ、たけのこ、しいたけを加え、蓋をして中火で6分ほど煮る。

> しょうゆと砂糖が**カラメル状になるように**炒めましょう。

## 3

溶き卵を2回に分けて回し入れ、蓋をして1分ほど加熱する。卵が半熟になったら、ごま油、お好みでラー油を回しかける。器に盛り、1のピーマンをのせる。

> 溶き卵を入れるので、**とろみがつき、ボリュームもアップ**しますよ。

基本のき⑭

スタミナたっぷり

# 豚肉と豆腐の
# しょうゆ煮込み

これは僕の修業時代のまかない料理。コツは、にんにくをしっかり揚げ焼きにすることと、しょうゆと砂糖を加えてよく炒め、カラメル状になってから水を加えること。豚肉の旨みがなじんで、コクのある味わいに！

### 材料　2～3人分

豚カツ用ロース肉…1枚分
木綿豆腐…150g
万願寺唐辛子（一口大／
　ピーマン、ししとうでも）…1個分
にんにく（大きいものは半分に切る）
　…8かけくらい
A｜長ねぎ（5mm幅の輪切り）
　　　…5～6cm分
　｜しょうが（1cm角）…1かけ分
　｜しいたけ（4～6等分）…2個分
B｜砂糖・しょうゆ…各大さじ3
　｜酒…大さじ2
鶏がらスープ…150ml
塩…少々
こしょう…適量
水溶き片栗粉…大さじ2
サラダ油…適量
ごま油…大さじ1

### 下ごしらえ

・豚肉は一口大に切り、塩・こしょう各少々で下味をつける。
・豆腐はキッチンペーパーで包んで水気をきり、一口大に切る。

## 1

フライパンにサラダ油少々を中火で熱し、万願寺唐辛子をさっと炒め、取り出す。サラダ油大さじ4を入れて豆腐を焼き、色づいたら、バットに取り出す。続いて豚肉を炒めて豆腐のバットに取り出す。

**豆腐は表面をカリッと香ばしく焼き固め、豚肉もさっと炒めて！**

## 2

1のフライパンに残った油でにんにくを弱火でゆっくり揚げ焼きにする。きつね色になったらAを炒め、1の豆腐と豚肉を戻して混ぜ、Bを加えて炒める。

**砂糖としょうゆの香ばしい風味を立たせます。**

## 3

鶏がらスープ、こしょう少々を加えて蓋をし、火を少し弱めて3分ほど煮る。水溶き片栗粉を少しずつ加えてスープを具材全体にからませ、ごま油を回し入れる。器に盛り、1の万願寺唐辛子をのせる。

**煮汁が具材にからむくらいがとろみの目安です。**

基本のき⑮

酸味と辛みの黄金比率
## 魚香茄子
（ユイシャンチエズ）

四川家庭料理の定番、魚香茄子（なすのピリ辛炒め）は、甘み、辛み、酸味が一体となって箸が止まらぬおいしさ。なすに油をさっとからめて蒸し焼きにして、とろりとした食感に！

**材料** 2～3人分

なす（皮をむいて割り箸の
　太さくらいの縦細切り）…3本分
豚ロース薄切り肉（細切り）…2枚分
しょうゆ…小さじ1/2
水溶き片栗粉…小さじ1
しいたけ（軸を取って薄切り）…2個分
A ┃ 長ねぎ（せん切り）…3cm分
　 ┃ しょうが（せん切り）…1かけ分
　 ┃ にんにく（せん切り）…1かけ分
　 ┃ 赤唐辛子（小口切り）…1本分
豆板醤（トウバンジャン）…小さじ1/3

【合わせ調味料】
砂糖…大さじ3
しょうゆ…大さじ3
酢…大さじ1と1/2
　（酸味が好きな方は量を増やす）
豆板醤…小さじ1/3
水溶き片栗粉…小さじ1

サラダ油…適量
ごま油…大さじ1
ラー油…大さじ1（お好みで）
青じそ…適宜

**下ごしらえ**

・豚肉にしょうゆと水溶き片栗粉をよくからませる。
・合わせ調味料は混ぜておく。

# 1

フライパンにサラダ油大さじ3を中火で熱し、なすを炒める。全体に油がなじんだら蓋をして30秒、なすがしんなりしたら全体を混ぜ、もう一度蓋をして30秒待ち、とろっとしたらいったん取り出す。

> 多めの油でなすを炒め、蓋をして蒸してとろとろに！

# 2

同じフライパンにサラダ油小さじ1を入れ、豚肉を弱火で炒める。表面の色が変わってきたら、しいたけを加えて炒める。Aを加えて炒め、豆板醤を入れて炒め、香りを出す。

> 香りが立ったら次の材料を加えるのが中華の鉄則ですよ。

# 3

火を強め、**1**を戻し入れて全体を混ぜながら炒める。合わせ調味料を加えて大きく混ぜるように炒め、ごま油、お好みでラー油を回し入れる。器に盛り、お好みでちぎった青じそを散らす。

> なすに豚肉の脂をからめながら炒めてください！

基本のき⑯

## シビれる、とろける　やみつきマーボーなす

皮をむいたなすに卵をからめて蒸し焼きにすることで、とろけるような食感を手軽に楽しめます。

### 材料　2〜3人分

なす（p.95と同じ切り方）… 3本分
小麦粉 … 適量
溶き卵 … 1/2個分
豚ひき肉 … 100g

A
| 長ねぎ（みじん切り）… 大さじ2
| しょうが・にんにく（各みじん切り）
|   … 各大さじ1

豆板醤（トウバンジャン）… 小さじ1

【合わせ調味料】
水 … 大さじ3
酒・しょうゆ … 各大さじ2
砂糖 … 大さじ1と1/2

水溶き片栗粉 … 大さじ1〜2
サラダ油 … 大さじ2
ごま油・ラー油 … 各大さじ1
木の芽・花椒（ホワジャオ）（粉）… 各適宜

### 下ごしらえ

・なすをバットに並べ、小麦粉を全体に薄くまぶし、溶き卵をからませる。
・合わせ調味料は混ぜておく。

### 作り方

**1** フライパンにサラダ油を入れてなすを並べる。蓋をして弱めの中火で蒸し焼きにする。色づいたら返し、こんがりするまで焼いたら、いったん取り出す。

**2** 同じフライパンにひき肉を入れて中火で炒める。色が変わってきたら豆板醤を加えて炒め、香りが立ったらAを加えて炒める。香りが立ったら火を弱め、合わせ調味料を加えて混ぜる。

**3** ふつふつと沸いてとろっとしてきたら、1を戻し入れ、からめるように炒める。水溶き片栗粉を少しずつ加えてとろみをつけ、ごま油、ラー油を回し入れる。器に盛り、お好みで木の芽を散らし、花椒をふる。

## さっぱりピリ辛薬味だれで箸が止まらない 涼拌茄子（リャンバンチェズ）

なすに片栗粉をまぶすことで、つるっと口当たりのよい食感に。たれもよくからみます。

### 材料 2〜3人分

なす … 3〜4本
塩・こしょう … 各少々
片栗粉 … 大さじ1

【たれ】

A │ にんにく（せん切り）… 2かけ分
　│ しょうが（せん切り）… 1かけ分
　│ 長ねぎ（せん切り）… 5cm分

サラダ油 … 大さじ5

B │ しょうゆ … 大さじ5
　│ 酢 … 大さじ3
　│ 酒 … 大さじ1
　│ ごま油 … 小さじ1
　│ 豆板醤 … 小さじ1/2
　│ 砂糖 … 少々
　│ こしょう … 少々

みょうが・青じそ（各せん切り）… 各適宜

### 下ごしらえ

- なすは皮をむき、5分ほど水に浸ける。縦半分に切り、横から半分の厚さに、切り落とさないように端ぎりぎりまで包丁を入れてから縦に棒状に切る。塩、こしょうをふって全体に混ぜ、片栗粉をまぶす。

### 作り方

**1** なすは耐熱容器に入れてラップをし、様子をみながら2分ずつくらい電子レンジで加熱する。粗熱をとって器に盛り、冷蔵庫で冷やす。

> なすは蒸し器で6分ほど蒸すと、よりおいしいですよ。

**2** たれを作る。耐熱ボウルにAを入れる。フライパンでサラダ油を軽く煙が出るくらいまで熱してAにかけ、Bを混ぜる。

> 熱い油をかけることで、にんにく、しょうが、長ねぎの香りが立ちますよ！

**3** 食べる直前に1に2のたれをかけ、お好みでみょうがや青じそをのせる。

95

基本のき⓲

## 手作り魚醤(ユイジャン)でおいしい副菜！　じゃがいもの細切り炒め

アンチョビを使って簡単にできる手作り魚醤で炒めれば、じゃがいもがしみじみおいしい一品に仕上がります。

### 材料　2〜3人分

じゃがいも（せん切り）…2個分
**A** ┃ しょうが（みじん切り）…小さじ1/2
　　 ┃ 小ねぎ（小口切り）…小さじ1/2
　　 ┃ 赤唐辛子…2本
**B** ┃ 酒…大さじ1
　　 ┃ しょうゆ…小さじ1
　　 ┃ 砂糖…小さじ1/2
魚醤（p.117参照）…大さじ1
サラダ油…大さじ1
ごま油…大さじ1

#### おいしいアドバイス
じゃがいもは、歯ざわりのいいメークインがおすすめですが、お好みのじゃがいもでもOK！

### 作り方

**1** フライパンにサラダ油を熱し、じゃがいもを入れて中火で炒める。じゃがいもが透き通ってきたら、**A**を加えてさらに炒める。

> じゃがいもが透き通ってきたら、香味野菜を加えてください。

**2** 香りが立ったら、**B**を加え、少しとろりとしてきたら魚醤を加える。全体に大きく混ぜ、ごま油を回しかける。

> とろみがついてきたら、魚醤を加えて香りを立たせます！

## 黒酢の風味でおいしさが決まる　新玉ねぎの黒酢炒め

黒酢を加えて炒めることで、玉ねぎが驚くほど味わい深くなります。

### 材料　2〜3人分

新玉ねぎ（5mm厚さの薄切り／
　普通の玉ねぎでも）…2個分
赤唐辛子…4〜5本
花椒（粒）（ホワジャオ）…10粒くらい
塩…少々
A│黒酢…大さじ5
　│こしょう…少々
　│砂糖…少々
サラダ油…大さじ1と1/2
ごま油…小さじ1

### 作り方

**1** フライパンにサラダ油、赤唐辛子、花椒を入れて弱火で炒める。香りが立って赤唐辛子が茶色くなってきたら玉ねぎを加える。油が全体に回ったところで塩を加え、さらに炒める。

> 赤唐辛子が少し茶色になるまでゆっくり炒めて香りを引き出して！

**2** 蓋をして、玉ねぎがしんなりしてきたら、Aを加えて炒め合わせ、最後にごま油を回し入れる。

> 玉ねぎの水分が出てしんなりしてから、調味料を入れると、なじみやすいですよ。

---

**おいしいアドバイス**

普通の玉ねぎで作る場合は、少し薄めに切ります。

基本のき⑳

## シャキシャキ　アスパラガスの油炒め

素材の風味を生かした中国料理らしいシンプルな炒め物です。

**材料** 2〜3人分

グリーンアスパラガス
　（下から1/3くらいまでピーラーで
　皮をむき、食べやすい長さの斜め切り）
　…6本分
しょうが（1cm四方の薄切り）
　…1かけ分
A｜アスパラガスのゆで汁
　　　…大さじ1
　｜酒…小さじ2
　｜塩…ひとつまみ
　｜しょうゆ…少々
　｜こしょう…少々
塩…少々
サラダ油…適量
ごま油…小さじ1

**作り方**

**1** フライパンに湯を沸かし、塩少々とサラダ油小さじ1を入れ、アスパラガスの根元、穂先の順番に入れ、10秒ほどゆで、再び沸騰してきたら、ざるに上げて湯をきる。ゆで汁大さじ1をとっておく。

> アスパラガスはゆですぎないように！

**2** 同じフライパンにサラダ油大さじ1を弱火で熱し、しょうがを炒める。香りが立ってきたら、Aを加えて味をととのえ、1のアスパラガスを加える。強火にしてしっかりからませ、ごま油を回し入れる。

> アスパラガスを入れる前に味をみて、物足りなければ**しっかり塩気を感じる程度**に塩を足します。

┌ **さらにおいしく** ──────
│ サラダ油の代わりにp.117の「香油（シャンヨウ）」を
│ 使って作ると、さらに香り高く仕上がる。
└─────────────────

## にんにくと桜えびが香ばしい 芽キャベツの香り炒め

扱いが難しそうに思える芽キャベツも、油をなじませて蒸し焼きにすると、甘みが出て柔らかく仕上がります。

### 材料 2〜3人分

芽キャベツ（半分に切る）…10〜12個分
小ねぎ（3cm長さ）…5〜6本分
A ┃ フライドガーリック
　 ┃ 　（フライドオニオンでもOK）…大さじ1
　 ┃ 桜えび（乾燥）…大さじ1
　 ┃ 赤唐辛子…3〜4本
　 ┃ 八角（あれば）…1〜2個
酒…大さじ1
鶏がらスープ…大さじ5
塩…少々
しょうゆ…小さじ1/3
サラダ油…大さじ1
ごま油…小さじ1/2

### 作り方

**1** フライパンにサラダ油を入れて中火にかけ、すぐに芽キャベツを炒める。油が全体に回ったら蓋をして弱火で7〜8分蒸し焼きにし、いったん取り出す。

> フライパンが熱くなる前に芽キャベツを入れますよ！

**2** 同じフライパンにAを入れて炒める。香りが立ってきたら酒、鶏がらスープを加え、煮立たせる。1を戻し入れ、蓋をして1〜2分加熱する。

> 蓋をして加熱することで芽キャベツにAの香りと旨みを含ませます！

**3** 塩、しょうゆを加え、炒める。水分がなくなってきたら、ごま油を回し入れ、小ねぎを加えてさっと混ぜる。

> 桜えびに塩分があるので、味をみてから塩を加えてください。

Column

# おうちで春巻きが
# こんなにおいしく作れるなんて！

# 基本の"き"の春巻き

巻き方一つでこうも違うのか!? と目からウロコの春巻き。
薄氷を踏んだときのようなパリッとした仕上がりです。

**材料** 8〜10本分

春巻きの皮…8〜10枚
豚ばら薄切り肉(細切り)…60g
キャベツ(細切り／白菜でもOK)
　…250g
しいたけ(せん切り)…3個分(40g)
A｜水…大さじ1
　｜塩・こしょう…各少々
片栗粉…小さじ1
サラダ油…大さじ1
B｜しょうが(せん切り)…1かけ分
　｜長ねぎ(せん切り)…3cm分
C｜水…約150mℓ(材料がヒタヒタになる量)
　｜しょうゆ…大さじ1
　｜砂糖…小さじ1
水溶き片栗粉…大さじ4
D｜ごま油…大さじ1
　｜こしょう…少々
春巻きをとめるのり
　…小麦粉適量を同量の水で溶く
揚げ油…適量

> 白菜を使うなら、繊維を断つ方向に葉の部分は1cm幅の細切り、芯の部分は薄切りにする。

**下ごしらえ**
・豚肉とAをよく混ぜ、白っぽくなってきたら、片栗粉を加えてよく混ぜる。サラダ油を加えてさらに混ぜる。

**1**
フライパンに下味をつけた豚肉を入れて中火で炒め、色が白っぽくなってきたら、Bを加えて香りを出す。キャベツ、しいたけを加えてさらに炒める。

**2**
Cを加え、蓋をして3分ほど煮る。水溶き片栗粉でとろみをつけ、Dを混ぜる。

> 水溶き片栗粉は、まず大さじ1を入れて混ぜ、とろみ加減をみて追加する。粘りが出るくらいしっかりめにとろみをつけて。

**3**
2をバットに広げ、粗熱がとれたら冷蔵庫で40〜50分冷やす。

> あんはしっかり冷やしておくと包みやすいですよ。

## 4

春巻きの皮はツルツルの面を下にして置き、**3**を手前にのせる。最初に左右を折り込み、手前からふんわりと包む。

## 7

170〜180℃の揚げ油に**6**を入れ、おたまで油をかけながら揚げる。

> あんがしっかり入っている場合は多めの油で、**あんが少ない場合は少量の油でも**OK。

## 5

巻き終わりをのりでとめる。

## 8

薄めのきつね色になるまで揚げ、立てて油をきる。

> キッチンペーパーに立てるようにして**1分を目安に余分な油をしっかりきります**。

## 6

包むときはギュッと締めずに指が1本入るくらい、ふっくら空気を入れるイメージで巻くこと。

## 9

春巻きを斜め半分に切る。

> **包丁の角を使って、**氷を割るような気持ちで切り目を入れてから切ると、断面がきれいになります。

103

# 季節の春巻き

春巻きは具を変えていろいろ楽しめます。
季節の素材を使った春巻きをご紹介します。

春

あんがとろける

## 春キャベツとあさりの春巻き

あさりのスープの旨みで具を煮て、
蒸したあさりは最後に加えるので、かたくならずふっくら。

### 材料　8〜10本分

春巻きの皮…8〜10枚
あさり（殻付き／砂抜き済み）…200g
ゆでたけのこ（細切り）…40g
キャベツ（1cm幅）…1/6個分（約200g）
A ｜ 長ねぎ（せん切り）…3cm分
　｜ しょうが（せん切り）…1かけ分
酒…大さじ4
鶏がらスープ…200mℓ
B ｜ しょうゆ…小さじ1
　｜ オイスターソース…小さじ1
　｜ 塩・こしょう…各少々
水溶き片栗粉…大さじ4
ごま油…大さじ1
春巻きをとめるのり
　…小麦粉適量を同量の水で溶く
サラダ油…大さじ1
揚げ油…適量

## 1
フライパンにあさり、酒大さじ2、鶏がらスープを入れて中火にかける。スープが沸いてあさりの口が開いたら、ざるに上げ、身をはずす。汁はとっておく。

> ゆでたあさりは、**冷める前に身をはずすと、はずしやすい**ですよ。

## 2
フライパンをきれいにしてサラダ油を中火で熱し、**A**を炒め、たけのこ、キャベツ、酒大さじ2、**1**のあさりの汁全量を加え、蓋をして5分ほど煮る。**B**、水溶き片栗粉、ごま油の順に加えるたびに混ぜる。バットに広げ、粗熱がとれたら冷蔵庫で40〜50分冷やす。

> **煮汁は材料がヒタヒタになるくらい。**足りなければ鶏がらスープを足してください。

## 3
春巻きの皮はツルツルの面を下にして置き、**2**、**1**のあさりの身をのせて巻き、巻き終わりをのりでとめる。170〜180℃の揚げ油に入れ、おたまで油をかけながら、きつね色になるまで揚げ、油をきる。

春

## くるっと巻くだけ
# アスパラベーコンのスティック春巻き

具は切るだけなので、思い立ったらすぐにできます。皮だけ残ってしまった！というときにもぜひ。

**材料** 4本分

グリーンアスパラガス（下から5cmくらいを切り落とし、皮のかたい部分はピーラーでむく）…4本
ベーコン（1.5cm幅に切る）…2枚分
春巻きの皮（十字に4等分）…1枚分
春巻きをとめるのり
　…小麦粉適量を同量の水で溶く
揚げ油…適量

**作り方**

**1** 春巻きの皮はツルツルの面を下にして置き、アスパラとベーコンをのせてくるくると巻く。巻き終わりをのりでとめる。

**2** 160℃の揚げ油に**1**を入れ、おたまで油をかけながら揚げ、2分を目安に、少し色づいてきたら取り出す。

手前にアスパラガス、ベーコンをのせて巻きましょう。

# 甘くてサクサク　とうもろこしの春巻き

とうもろこし、甘みを補う程度の砂糖、味を引き締めるための塩だけで
最高においしい春巻きができます。

### 材料　8〜10本分

- 春巻きの皮…8〜10枚
- とうもろこし…3本
- とうもろこしのゆで汁…200㎖
- 塩…少々
- 砂糖…ひとつまみ
- 水溶き片栗粉…小さじ2
- 春巻きをとめるのり
  　…小麦粉適量を
  　　同量の水で溶く
- サラダ油…大さじ1
- バター…大さじ1
- 揚げ油…適量

### 下ごしらえ

- とうもろこしは1本半を皮付きのまま6〜7分ゆで、包丁で実をそぎ落とす。ゆで汁はとっておく。残りの1本半は生のまますりおろす。

### 作り方

**1** フライパンにサラダ油、バターを入れて弱火で溶かし、とうもろこしのすりおろしを入れる。鮮やかな黄色に変わってきたら、ゆでた実を入れて炒める。ゆで汁を加え、塩、砂糖で味をととのえ、水溶き片栗粉で全体にとろみをつける。バットに広げ、粗熱がとれたら冷蔵庫で40〜50分冷やす。

**2** 春巻きの皮はツルツルの面を下にして置き、**1**をのせて巻き、巻き終わりをのりでとめる。

**3** 170〜180℃の揚げ油に**2**を入れ、おたまで油をかけながら、きつね色になるまで揚げ、油をきる。

とうもろこしのすりおろしをあんとして使い、ゆでた実は食感を出すために使っています。

### おいしいアドバイス

とうもろこしをゆでた湯をこして、ご飯を炊く水として使うと、ふんわり甘みの漂うご飯が炊けます。

夏

## パリッパリに揚げる
# 春雨ときのこの春巻き

春雨はお湯で戻さなくてOK！そのまま入れます。

**材料** 8〜10本分

- 春巻きの皮 … 8〜10枚
- きのこ（しいたけ、マッシュルーム、まいたけなど／薄切りまたはほぐす） … 合わせて100g
- 豚ばら薄切り肉（2cm幅） … 100g
- ほたて水煮缶 …（汁をきって）50g
- 春雨（乾燥）… 40g
- **A** 鶏がらスープ … 400mℓ
  酒 … 大さじ2
- **B** オイスターソース … 小さじ1
  塩・こしょう … 各少々
- 水溶き片栗粉 … 大さじ4
- ごま油 … 大さじ1
- 春巻きをとめるのり
  … 小麦粉適量を同量の水で溶く
- サラダ油 … 大さじ1
- 揚げ油 … 適量

**作り方**

**1** フライパンにきのこを入れ、蓋をして中火で蒸し焼きにする。しんなりしたら、取り出す。

**2** 同じフライパンにサラダ油を入れて豚肉を炒め、ほたて水煮を加える。**A**を加えて沸いてきたら、春雨を加え、蓋をして4分ほど煮る。1を戻し入れ、**B**で味をととのえ、水溶き片栗粉、ごま油を混ぜる。バットに広げ、粗熱がとれたら冷蔵庫で40〜50分冷やす。

**3** 春巻きの皮はツルツルの面を下にして置き、2をのせて空気を含ませるように巻き、巻き終わりをのりでとめる。

**4** 180℃の揚げ油に3を入れ、おたまで油をかけながら、きつね色になるまで揚げ、油をきる。

**きのこの水分で蒸すので**旨みがたっぷりです。

**春雨は戻さずに入れ、**スープを吸わせます。前日に仕込むこともできますよ。その場合は、粗熱をとり、保存容器に入れて冷蔵庫へ。

脇屋シェフ悶絶！
# プリプリ&ジューシーなかきの春巻き

かきに熱湯をかけてさっと湯引きし、下味をつければ、具材は準備OK！ とろみも不要で手間いらず。

**材料** 10本分

- 春巻きの皮…10枚
- かき（生食用）
  …20〜30粒
  （大きさによって調整）
- 青じそ…20枚
- ゆずの皮（あれば）…適宜
- 海苔…2cm×10cmを10枚
- **A** | 酒…大さじ2
      しょうゆ…小さじ1
      塩・こしょう…各少々
- **B** | マスタード…小さじ1
      ごま油…小さじ2
- 春巻きをとめるのり
  …小麦粉適量を同量の
  水で溶く
- 揚げ油…適量

**下ごしらえ**

- 耐熱ボウルにかきを入れて熱湯をかけ、さっと混ぜてからざるに上げ、水気をしっかり拭き取る。Aで下味をつけ、混ぜたBをからめる。

**作り方**

**1** 春巻きの皮はツルツルの面を下にして置き、青じそ2枚を並べ、その上に下ごしらえしたかき2〜3粒、ゆずの皮をのせて巻く。巻き終わりをのりでとめる。海苔をゆるめに巻き、巻き終わりを同じようにのりでとめる。残りも同様に作る。

**2** 180℃の揚げ油に**1**を入れ、おたまで油をかけながら、きつね色になるまで揚げ、油をきる。

青じその上にかき、あればゆずの皮をのせて。

揚げると春巻き自体が膨らむので、**のりはゆるめに巻いてください。**

冬

Column

皮から作る本格ぎょうざに
チャレンジしてみよう！

完全保存版！
# きのこと黒豚のぎょうざ

もちもち長持ち♪
# 鶏と玉ねぎの水ぎょうざ

# きのこと黒豚のぎょうざ

市販の皮でもおいしくできますが、一度自分で皮を作ってみれば、そのもちもち具合がやみつきになるかもしれません。冷凍もできます。

**材料** 12～14個分

マッシュルーム（薄切り）…3～4個分
きのこ（しいたけ、エリンギ、まいたけなど／薄切り）
　…100g
黒豚ひき肉…100g
玉ねぎ（みじん切り）…1/2個分
板ゼラチン（水に浸けておく）…1枚
A｜鶏がらスープ…大さじ4
　｜酒…大さじ2
塩・こしょう…各少々
B｜ごま油…小さじ2
　｜酒・オイスターソース・しょうゆ
　　　…各小さじ1
　｜こしょう・砂糖…各少々

【皮】
強力粉…120g
塩…ひとつまみ
熱湯…90ml

【たれ】
しょうが（みじん切り）…少々
しょうゆ…大さじ2
黒酢…大さじ1
こしょう…少々

打ち粉（強力粉）…適量
水…100ml
サラダ油…適量

**下ごしらえ**
・玉ねぎに塩少々をふる。水分が出てきたら絞り、水気をしっかり拭き取る。
・たれの材料を混ぜておく。

## 1
フライパンにマッシュルームとそのほかのきのこを入れ、蓋をして弱めの中火にかけ、蒸し焼きにする。

> きのこから出てくる水分で蒸せば、旨みを逃さず、水っぽくなりません。

## 2
A、ゼラチンを加えて溶かす。塩、こしょう各少々をふり、蓋をして2～3分煮たら汁ごとバットに移す。氷水を当てて粗熱がとれたら冷蔵庫で冷やし、完全に固まったら、みじん切りにする。

## 3
ボウルにひき肉、Bを入れてよく練る。粘りが出てきたら玉ねぎを加えてさらに練る。2を加えて全体に混ぜ合わせ、バットに広げて冷蔵庫で40～50分冷やす。

## 4
皮を作る。耐熱ボウルに強力粉、塩を入れ、真ん中にくぼみを作って熱湯を加える。麺棒で混ぜ合わせ、粉と湯がなじんだら手でひとまとめにする。

## 7
左手で皮を回して同様に1周伸ばす。これを繰り返す。

破れやすい**真ん中**を少し厚く伸ばして。

## 5
打ち粉をふったまな板の上で練る。なめらかになったらラップをして5〜10分休ませる。棒状に伸ばして12〜14等分に切り分ける。

## 8
3〜4枚伸ばしたら**3**をのせ、2つ折りにしながら皮の端と端を合わせる。ヒダを作りながらとじる。これを繰り返してあんをすべて包む。

## 6
打ち粉をふり、手のひらで軽く押して丸く平らにする。左手で皮を持ち、麺棒を中心のすぐ手前まで転がして伸ばす。

## 9
フライパンにサラダ油少々を熱して**8**を弱めの中火で底が色づくまで焼く。水を入れて蓋をし、6分ほど焼いたらサラダ油大さじ1強を加えて焼き色をつける。器に盛り、たれを添える。

113

# 鶏と玉ねぎの水ぎょうざ

中国でぎょうざといえば、水ぎょうざ。つるっとした皮の食感を楽しんで！

**材料** 2～3人分

玉ねぎ…1個
塩…小さじ1/2
鶏ひき肉…200g
しょうが（すりおろし）…大さじ1
A │ 酒…大さじ2
　│ オイスターソース…大さじ1
　│ 塩・こしょう…各少々
ごま油…小さじ1

【皮】
強力粉…120g
塩…ひとつまみ
熱湯…90㎖

【たれ】
B │ 長ねぎ（みじん切り）…小さじ1
　│ にんにく（みじん切り）…小さじ1
　│ しょうが（みじん切り）…小さじ1
　│ あさつき（小口切り／小ねぎでもOK）
　│ 　…小さじ1
　│ 赤唐辛子（みじん切り）…少々
　│ 黒酢…大さじ2
　│ しょうゆ…大さじ1
サラダ油…大さじ4

**下ごしらえ**

- 玉ねぎ1/2個はみじん切りにして塩小さじ1/2をふってなじませ、水気をしっかり絞る。残りはすりおろして水気をしっかり拭き取る。
- たれを作る。耐熱ボウルにBを入れ、サラダ油をフライパンでうっすら煙が出てくるまで熱し、ジャッとかける。

**作り方**

1. ボウルにひき肉を入れ、Aを入れてよく練る。粘りが出てきたら下ごしらえした玉ねぎとしょうがを混ぜ、さらにごま油を加えて混ぜる。バットに広げ、粗熱がとれたら冷蔵庫で40～50分冷やす。

2. 皮を作る（p.113参照）。

3. 皮の生地を棒状に伸ばして12等分に切り分け、麺棒で丸く伸ばす。3～4枚伸ばしたら1を包む。これを繰り返してあんをすべて包む。

4. 沸騰している湯に入れ、4～5分を目安に浮き上がってくるまでゆでる。水気をきって器に盛り、たれを添える。

皮に具をのせたらパタンと半分に折ってピタッと閉じ、端をぐっと握って折り曲げるんです。

浮き上がってきたら、ゆで上がり！

**おいしいアドバイス**

スープにお好みの野菜やきのこを加えて、土鍋で煮ながら食べると最高です。

Column
# 手作り醬(ジャン)を作ってみよう！
簡単に作れて、いろいろ使える万能調味料をご紹介します。

## やみつき必至！
## しょうが醬(ジャン)

シンプルな基本編、ほたて水煮缶を加えて旨みを増したリッチな味わいの応用編。
どちらも豆腐や生野菜、ゆでた肉にかけるだけで、副菜が一品完成する便利な調味料です。

### 基本編

**材料** 作りやすい分量

しょうが（すりおろし）…100g
塩…小さじ1
サラダ油…150g（しょうがの1.5倍くらい）

保存期間＊冷蔵1週間

**1** しょうがはキッチンペーパーで包んで軽く水分をきり、耐熱ボウルに入れる。塩を加えて混ぜ合わせる。

**2** 小さめのフライパンでサラダ油をうっすら煙が出てくるまで熱し、3～4回に分けて**1**にかけ、混ぜ合わせる。粗熱をとってから清潔な瓶に入れ、冷蔵庫で保存する。

油は一度にかけるとあふれることがあるので注意！

### 応用編

**材料** 作りやすい分量

しょうが（すりおろし）…100g
ほたて水煮缶（貝柱と汁を分けておく）
　…1缶（70g）
塩…小さじ1/2弱
サラダ油…150g（しょうがの1.5倍くらい）

保存期間＊冷蔵4〜5日

## 1
しょうがはキッチンペーパーで包んで軽く水分をきり、耐熱ボウルに入れる。貝柱と塩を混ぜ合わせる。

## 2
小さめのフライパンでサラダ油をうっすら煙が出てくるまで熱し、3〜4回に分けて1にかけ、混ぜ合わせる。水煮缶の汁も加えて混ぜる。粗熱をとってから清潔な瓶に入れ、冷蔵庫で保存する。

> 油があふれないように、分けて入れてください！

---

しょうが醤の食べ方アイデア

# おつまみ手羽先

**万能調味料のしょうが醤で食べる簡単おつまみ。ゆで汁はスープにしたり、ご飯を炊いたりと活用できます。**

**材料** 作りやすい分量

鶏手羽先（先の部分を切り落とし、
　骨と骨の間に切り込みを入れて半分に切る）
　…9本分（約540g）
塩…適量
水…1ℓ
白こしょう…少々
しょうが醤（p.115参照）…適量

**作り方**

## 1
鶏手羽先に肉の重さの1％の塩をもみ込む。

## 2
鍋に水、1、手羽先の切り落とした部分を入れて強火にかけ、沸騰後、弱火で15〜20分ゆでる。キッチンペーパーの上に取り出し、水気を軽くきって器に並べる。塩、こしょう各少々をふり、しょうが醤を添える。

## 香り高き油　香油（シャンヨウ）

これを使うだけで炒め物がプロの味に変わる！作っておくと便利な油です。

**材料** 作りやすい分量

サラダ油…450㎖
A｜にんにく…3〜4かけ
　｜長ねぎ（青い部分）…10g
　｜しょうがの皮…10g
　｜花椒（粒）ホワジャオ…大さじ1
　｜陳皮（なければ生や乾燥のオレンジの皮でもOK）…10g（半量でもOK）

保存期間＊冷蔵1ヶ月

**作り方**

**1** 小さめのフライパンにサラダ油を入れて中火にかけ、油の温度が低いうちにAを入れる。混ぜながらゆっくり温度を上げる。油がふつふつと泡立ってきたら（150〜160℃が目安）、火をごく弱火にし、100℃程度を保ちながら15〜20分加熱する。

> 温度をゆっくり上げることで、香味野菜や香辛料の香りがしっかり移ります。

> 100℃は**長ねぎやしょうががが少しチリチリするくらいが目安。**

**2** 長ねぎとしょうががこんがり茶色になったら、キッチンペーパーを敷いたざるでこす。粗熱をとってから清潔な瓶に入れ、冷蔵庫で保存する。

---

## 手作りできる！　魚醤（ユイジャン）

ご飯にのせたり、パンにつけたり、パスタにからめたり。うなるおいしさの調味料です。

**材料** 作りやすい分量

アンチョビ…2缶（60g）
A｜にんにく（みじん切り）…大さじ2
　｜しょうが（みじん切り）…大さじ2
　｜赤唐辛子…適量（2本〜お好みで加減）
酒…150㎖
サラダ油…150㎖
砂糖…少々
花椒（粉）…少々

保存期間＊冷蔵1ヶ月

**作り方**

**1** アンチョビは包丁で粗みじん切りにする。オイルはとっておく。

**2** フライパンに酒を入れて沸かし、湯気が出たらアンチョビを入れて強火で混ぜながらアルコールを飛ばす。弱火にして煮詰まってきたら、Aを加えて混ぜ、アンチョビのオイルとサラダ油を加える。油が熱くならないうちに、混ぜながら煮詰める。

> アンチョビが溶けて少しとろみがつくくらいまで煮詰めてからAを加えると、Aに火が入りすぎるのを防げます。

**3** シュワシュワと泡立ってきたところで砂糖を加えてひと混ぜし、花椒を加える。粗熱をとってから清潔な瓶に入れ、冷蔵庫で保存する。

## フレッシュ！ 万能ドレッシング

肉や魚にかけたり、麺のつけだれにしたり。飽きのこないおいしさは手作りならでは！

**材料** 作りやすい分量

サラダ油…450mℓ
エシャロット（または玉ねぎ／みじん切り）…60g

A
にんにく（みじん切り）…小さじ1
しょうが（すりおろし）…小さじ1
長ねぎ（みじん切り）…小さじ1
生赤唐辛子（みじん切り）
　…小さじ1/2（赤唐辛子少々でもOK）

B
鶏がらスープの素…小さじ1/2
一味唐辛子…小さじ1
花椒（粉）（ホワジャオ）…小さじ1
白ごま…小さじ1
酢…大さじ3
しょうゆ…大さじ1
塩…少々

サラダ油…大さじ6

保存期間＊冷蔵2日

**作り方**

1. フライパンにサラダ油大さじ2を熱し、エシャロットを炒める。香りが立ってしんなりしたら耐熱ボウルに取り出し、Aを加える。

   ＞エシャロットはさっと炒めて香りと甘みを出します。

2. 同じフライパンにサラダ油大さじ4をうっすら煙が出てくるまで熱し、1にかける。Bを順に加えて混ぜ、全体をよく混ぜ合わせる。

   ＞鶏がらスープの素は入れなくてもOK。

---

**万能ドレッシングの食べ方アイデア**

# きゅうりとセロリのピリ辛サラダ

爽やかなきゅうりとセロリの風味にピリッと辛いドレッシングがよく合います！

**材料** 2〜3人分

きゅうり…2本
セロリ…1本
万能ドレッシング…適量

**作り方**

1. きゅうりは皮をまだらにむいて叩いて割る。セロリの茎は4cm長さの斜め切りにし、葉は水にさらしてシャキッとさせる。

2. 1を器に盛り、食べるときにドレッシングをかける。

第3章

ワンディッシュで大満足

# 麺とご飯

ワンディッシュ ❶

卵としょうがだけ！
# 究極！ 大人のチャーハン

材料は3つだけ！ しょうがを粗めのみじん切りにすると、シャリッとした食感と風味が口に広がって爽やかです。しょうがの酢漬けを汁ごと加えて加熱すれば、酸味がとれてびっくりするほどの深い味わいに！

## 材料　2～3人分

温かいご飯…250g
しょうが（米粒大に切る）…大さじ2
溶き卵…1個分
酢…大さじ2
サラダ油…大さじ1と1/2
塩・こしょう…各少々
しょうゆ…少々

## 下ごしらえ

- しょうがを酢に30分ほど漬けておく。

### チャーハン作りに共通のコツ

ご飯は炊きたてが一番おいしいので、チャーハンにも炊きたてを使うのがベスト。皿に広げて少し冷ますことで適度に水分が飛び、扱いやすくなります。温かい状態で使います。

# 1

フライパンにサラダ油を中火で熱し、溶き卵を流し入れる。

> 卵を少し落としてジュッというくらいに**油が温まってから一気に流し入れると**、卵がプクプクッとふくらみますよ。

# 2

2〜3回混ぜたらご飯を加え、すぐにひっくり返し、素早く卵と混ぜ合わせる。

> 卵に火が入りすぎてからご飯を入れると、うまく混ざりません。**卵が半熟のうちに加えてください！**

# 3

ヘラで軽く押しながら炒め、なじんだら塩、こしょうで味をととのえる。

> **卵とご飯が一体になるまで炒めて**から味つけしましょう。

# 4

フライパンを少し空けてしょうがを汁ごと加え、強火にして酢を飛ばす。

> 酢を加えて火を入れることで、**ご飯がしっとりして、ツヤと香りが出ます。**

# 5

しょうゆがジュッとなるように加え、全体を混ぜる。

> 熱源がIHの場合は鍋の真ん中に、ガスの場合は鍋肌に**しょうゆを入れて香りを立たせます。鍋をあおるようにして**全体を混ぜて仕上げます。

ワンディッシュ❷

究極の地味チャーハン
# 玉ねぎごぼうチャーハン

土の香りが豊かなごぼうの食感と風味がクセになる、食物繊維たっぷりの驚きのチャーハンです。ごぼうはあらかじめ鶏がらスープで煮ておくと、ほどよい食感が残ります。黒酢を加えることで、まろやかな旨みのチャーハンに！

## 1

ごぼうは鶏がらスープで歯ごたえが残る程度に煮て、粗熱をとって5〜6mm角に切る。

> ごぼうを生からほどよい食感に炒めるのは難しいので、先に煮ておきます。**味がつくので、ご飯とのなじみもよくなりますよ。**

## 2

フライパンにサラダ油を中火で熱し、油が温まってから溶き卵を流し入れる。半熟のうちにご飯を加え、素早く卵と混ぜ合わせ、なじんだら塩、こしょうで味をととのえる。

> **卵を2〜3回混ぜたら**ご飯を加えて！

### 材料　2〜3人分

温かいご飯…250g
ごぼう…40g
A ｜ 玉ねぎ（粗めのみじん切り）
　　　　…大さじ3
　｜ しょうが（粗めのみじん切り）
　　　　…小さじ2
溶き卵…1個分
鶏がらスープ…適量
塩・こしょう…各少々
しょうゆ…小さじ1/2
黒酢…大さじ1と1/2強
サラダ油…大さじ1と1/2

## 3

ご飯をフライパンの片側に寄せ、空いたところにA、1を加えて炒める。しょうゆ、黒酢を回し入れて強火にして、全体を炒め合わせる。

> 具、しょうゆ、黒酢を炒めてそれぞれの**香りを立たせて**から、全体を混ぜます。

ワンディッシュ ❸

## ラードでコクあり！ 昔懐かしチャーハン

ラードを使うだけでコクが違います。たまにはこんなこっくりした食べごたえのあるチャーハンを！

**材料** 2〜3人分

温かいご飯…250g
溶き卵…1個分
A｜なると（粗めのみじん切り）…30g
　｜ハム（粗めのみじん切り）…30g
　｜長ねぎ（みじん切り）…5cm分
　｜小ねぎ（小口切り）…適宜
ラード…大さじ2
塩・こしょう…各少々
しょうゆ…小さじ1

**作り方**

**1** ボウルに温かいご飯、ラード大さじ1を入れて混ぜる。

> ご飯一粒一粒を**脂でコーティングする**イメージ！

**2** フライパンにラード大さじ1を入れて中火で溶かし、溶き卵を流し入れる。半熟のうちにご飯を加え、素早く卵と混ぜ合わせ、なじんだら塩、こしょうで味をととのえる。

> ご飯を加えたら、**すぐにひっくり返す**。おたまで**軽く押す→混ぜるを繰り返す**とうまくいきます！

**3** Aの具を順に加え、そのたびにさっと混ぜる。しょうゆをジュッとなるように加え、強火にして全体を混ぜる。

> **しょうゆの香りを立たせる**と、郷愁をそそる昔懐かしい味になります。

ワンディッシュ ❹

## ローズマリー香る 新玉ねぎのチャーハン

ご飯に卵の黄身を混ぜ合わせてから炒めることで、簡単にパラパラにすることができます。

### 材料　2～3人分

- 温かいご飯 … 250g
- 新玉ねぎ（粗めのみじん切り／普通の玉ねぎでも）… 1/4個分
- 卵 … 1個
- 塩・こしょう … 各少々
- ローズマリービネガー（黒酢やワインビネガーでも）… 大さじ1（お好みで加減）
- しょうゆ … 小さじ1
- サラダ油 … 大さじ1と1/2

### 下ごしらえ

- 卵は黄身と白身に分け、白身は溶きほぐしておく。

### 作り方

**1** ボウルにご飯と卵黄を入れ、箸でよく混ぜる。

> 卵黄をご飯全体になじませると、炒めたときに簡単にパラパラに！

**2** フライパンにサラダ油を中火で熱し、玉ねぎを炒める。玉ねぎが透き通ってきたら塩、こしょうをして1を加え、炒める。

> おたまで軽く押す→混ぜるを繰り返しながらしっかり炒めます。

**3** ご飯がパラパラになってきたらビネガーを加えてさっと混ぜる。卵白を全体に回し入れ、強火にし、白くなって火が通るまで炒める。しょうゆをジュッとなるように加え、全体を混ぜる。

> フライパンの熱い部分（IHの場合は真ん中、ガスの場合は鍋肌）にビネガーを加え、香りを立たせる。

ワンディッシュ ❺

## 超シンプル
# にんにく焼きそば

市販の焼きそば麺で作る簡単絶品焼きそばをご紹介します。香菜(シャンツァイ)、ねぎ、唐辛子、にんにくがあれば、あっという間に完成。焦げやすいにんにくはボイルしてから使うのがコツ。酒のつまみにも食べ盛りのお子さんにもおすすめ！

### 材料 2～3人分

- 中華蒸し麺…2玉
- 小ねぎ（ざく切り）…20g
- 香菜（ざく切り）…20g（お好みで）
- にんにく（粗みじん切り）…2かけ分
- 赤唐辛子…4～5本（お好みで）
- ごま油…大さじ1
- しょうゆ…小さじ1
- A
  - オイスターソース…大さじ2
  - 水…大さじ2
  - 酒…大さじ1
  - こしょう…少々
- サラダ油…大さじ3

### 下ごしらえ

- 耐熱ボウルに麺を入れ、ラップをして電子レンジで2分加熱する。ごま油としょうゆを加えて混ぜる。

焼いたときに焼きムラができないように、ごま油としょうゆは均一に行き渡るようにからませる。

# 1

フライパンに少量の湯を沸かし、にんにくをさっとゆでてざるに上げ、キッチンペーパーで水気を拭き取る。

> 油に入れたときにはねないように**水気はしっかり拭き取ってください！**

# 2

同じフライパンにサラダ油大さじ2を弱火で熱し、1を炒める。うっすら色がついてきたら、油は残して、にんにくだけいったん取り出す。

> ゆでてあるので、**焦げにくく、色ムラなく、きれいに火を通すことができますよ。**

# 3

下ごしらえした麺を入れて広げ、中火で煎り焼きにし、両面にこんがり焼き色をつける。

> 麺は触らないでくださいね！フライパンを回したとき、最初はチリチリと音がします。**表面が焼けて水分がなくなり、音がシャラシャラに変われば、焼き上がり！**

## 4

キッチンペーパーを敷いた皿に取り出してほぐす。

**表面のカリカリと中の柔らかい部分**を混ぜて、食感にアクセントをつけます。

## 5

同じフライパンにサラダ油大さじ1を中火で熱し、香菜の1/3量と小ねぎ、**2**、赤唐辛子を順に入れて炒め、**A**を加えて混ぜる。

材料を入れるたびに手早く混ぜ、ソースを作ります。

## 6

**4**を戻して炒め、ソースをからませる。残りの香菜を加えて混ぜる。

麺は加熱してあるので、**全体に味が行き渡ればいい**ですよ。

ワンディッシュ❻

店の味を大公開！
# ひき肉だけの
# しびれる焼きそば

具材はひき肉だけ！調味料は豆板醤（トウバンジャン）、花椒（ホワジャオ）のほかは基本的なもので、お店の味に近づける焼きそばレシピをご紹介します。ひき肉を炒め、水を加えて少し煮詰めて旨みを引き出し、麺を入れてスープがなくなるまで吸わせるだけで絶品！

### 材料 2〜3人分

- 中華蒸し麺…2玉
- 豚ひき肉…50g
- 豆板醤…小さじ1
- にんにく（粗みじん切り）…小さじ1
- A
  - 水…150ml
  - 酒…大さじ3
  - 砂糖…少々
- B
  - しょうゆ…小さじ2
  - こしょう…少々
- ごま油…適量
- しょうゆ…小さじ1
- サラダ油…大さじ1
- 花椒（粉）…適量

### 下ごしらえ

- 耐熱ボウルに麺を入れ、ラップをして電子レンジで2分加熱する。ごま油大さじ1としょうゆ小さじ1を加えて混ぜる。

## 1

フライパンにサラダ油を中火で熱し、麺を入れて広げ、両面をこんがりと煎り焼きにする。キッチンペーパーを敷いた皿に取り出してほぐす（p.131参照）。

> フライパンを回して**シャラシャラと音がすれば**OK。めくって確認しても！

## 2

同じフライパンにひき肉を入れて中火で炒める。色が変わってきたら豆板醤、にんにくを順番に入れ、その都度香りを立たせるように炒める。Aを加えて沸かし、Bを加え、混ぜながら少し煮詰める。

> 煮詰めることで**ひき肉の旨みを凝縮したソースに！**

## 3

1を戻し、ソースを吸わせるように強火で炒め、ごま油大さじ1〜2を回し入れる。器に盛り、花椒をたっぷりかける。

> **水分がなくなるまで、**しっかり炒めますよ。

ワンディッシュ❼

## オイスターソース焼きそば
### 豚ばら肉とにらでプロの味

身近な具材で作る焼きそばは、麺に下味をつけておくだけでプロの味に仕上がります。

**材料** 2〜3人分

- 中華蒸し麺…2玉
- 豚ばら薄切り肉(2cm幅)…80g
- もやし…1袋
- にら(4cm長さ)…1束分
- しょうゆ…小さじ1
- A │ 酒…大さじ1
  │ オイスターソース…大さじ3
- 鶏がらスープ…大さじ4
- こしょう…適宜
- ごま油…大さじ2
- サラダ油…大さじ2

**下ごしらえ**

- 耐熱ボウルに麺を入れ、ラップをして電子レンジで2分加熱する。ごま油大さじ1としょうゆ小さじ1を加えて混ぜる。

**作り方**

**1** フライパンにサラダ油大さじ1を中火で熱し、麺を入れて広げ、両面をこんがりと煎り焼きにする。キッチンペーパーを敷いた皿に取り出してほぐし、表面のカリカリと中の柔らかい部分を混ぜる。

> 焼いている間は触らずに！ フライパンを回したときに**シャラシャラと音がすれば**OK。

**2** 同じフライパンで豚肉を炒め、表面が白っぽくなってきたらサラダ油大さじ1、もやしを加えて炒める。

> 豚肉から出た脂とサラダ油を混ぜ合わせるようにさっと炒めましょう。

**3** Aを加えて炒め、鶏がらスープを加えてから、にら、1を加える。スープと麺がしっかりからむように炒めたら、こしょうを加えて強火で炒め、ごま油大さじ1を回し入れる。

> スープの水気がなくなるまで強火で炒めて！

ワンディッシュ❽

## シェフお墨つきの 究極のソース焼きそば

玉ねぎ1個でここまでおいしい！この上なくシンプル、止まらないおいしさのソース焼きそばです。

**材料** 2〜3人分

- 中華蒸し麺…2玉
- 玉ねぎ（薄切り）…1個分
- ごま油…大さじ1
- しょうゆ…小さじ1
- バター…15g
- A
  - ウスターソース…大さじ2
  - リーペリンソース…大さじ2
  - ※お好みのソースでOK
  - しょうゆ…小さじ1
  - こしょう…少々
- 鶏がらスープ…大さじ6
- リーペリンソース…大さじ1
- サラダ油…適量

**下ごしらえ** p.134と同じ

**作り方**

**1** フライパンにサラダ油大さじ1を中火で熱し、麺を入れて広げ、両面をこんがりと煎り焼きにする。キッチンペーパーを敷いた皿に取り出してほぐし、表面のカリカリと中の柔らかい部分を混ぜる。

> フライパンを回したときに**シャラシャラと音がすれば OK。**

**2** 同じフライパンにサラダ油を少し足し、玉ねぎを炒め、蓋をしてしんなりするまで加熱する。バターとAを加え、炒め合わせる。

> 玉ねぎに調味料を加えて炒めることで**褐色になり、香ばしくなる。**これがメイラード反応です。

**3** 鶏がらスープの半量を加え、**1**を戻し入れる。全体を炒め、残りのスープ、リーペリンソースを加えて水分を吸わせるように炒める。

> リーペリンソースは、酸味が強く、甘さ控えめでピリ辛。**あれば、2種類を組み合わせると深みが増し、パンチの効いた味わいに。**

夏バテにおすすめ
# しょうが風味の鶏がゆ

基本のおかゆに蒸し鶏をプラスしたレシピをご紹介します。
蒸し鶏は、作り方を覚えておけば、サラダなどにも使えて便利です。

## 材料 作りやすい分量

米 … 200g
水 … 2ℓ
鶏もも肉 (または鶏むね肉) … 1枚
塩 … 皮をはずした肉の重さの1%
こしょう … 少々
長ねぎ (青い部分) … 10cm
しょうが … 1かけ
山芋のすりおろし … 適量
しょうが醤 (p.115参照) … 適量

## 下ごしらえ

• 鶏肉は皮をはずし、両面に塩、こしょうをふる。

## 作り方

**1** 米は洗って20〜30分浸水し、ざるに上げて水気をきる。鍋に水2ℓを入れて火にかけ、沸騰したところに米を入れてかき混ぜる。再び沸騰してきたらポコポコ沸く程度に火を弱め、時々かき混ぜながら約20分炊く。

> お米の量が少ないですが、大丈夫。中華がゆの特徴です。**水分と米が一体化するくらいが炊き上がりの目安。**米の粒々があり、なおかつとろりと仕上がります。

**2** 蒸し鶏を作る。ジッパー付き保存袋に鶏肉、はずした鶏皮、長ねぎ (青い部分)、しょうがを入れ、空気を抜いてきっちり閉じる。鍋に水2ℓ (分量外) とともに入れて浮かないように重しをのせ、強めの中火にかける。8分たったら、火を止めて蓋をしてそのまま8分おく。袋ごと氷水にとり、急冷する。

> **水から加熱することで、鶏肉にゆっくり火が入って中までジューシーになりますよ。**氷水にとることで火の入りすぎを防ぎます。

**3** 1にさいの目に切った蒸し鶏を加え、器に盛りつける。山芋のすりおろしをかけ、しょうが醤を添える。

しょうが醤をのせてグッとおいしく!

## おいしいアドバイス

蒸し鶏は多めに作って、棒棒鶏 (p.66) にしたり、しょうが醤をつけて食べたりしてもおいしいですよ!

## アレンジレシピ

# 冷や汁風

ボウルに氷を数個入れ、熱いおかゆを入れる。かき混ぜて氷が溶け、ゆるくなったら器に盛る。山芋、しょうが醤をのせ、白こしょうをふる。

## とっておきのかくし味ともちもちのコツ！ 香ばしいビーフン炒め

梅干しなどの買いおき食材をかくし味にすれば、冷蔵庫にある野菜や少量の肉で作れます。

### 材料　2～3人分

ビーフン（乾燥）… 80g
キャベツ（1cm幅のざく切り）… 1/4個分
豚ばら薄切り肉（1～2cm幅に切る）
　… 2枚分
にんにく（3等分）… 2～3かけ分
A｜梅干し（粗くほぐす）… 1個
　｜桜えび（乾燥）… 大さじ3
　｜フライドオニオン … 20g
B｜酒 … 大さじ1
　｜しょうゆ … 小さじ2
C｜水 … 100㎖
　｜鶏がらスープの素 … 小さじ1/2
塩・こしょう … 各適量
ごま油 … 大さじ1
サラダ油 … 大さじ2

### 作り方

**1** ビーフンは沸騰した湯に入れ、1分30秒ほどゆで、ざるに上げて湯をきる。ボウルに入れ、ラップをして2分ほど蒸す。

> 蒸らすことでもちもちに！

**2** フライパンを弱火にかけ、豚肉を炒めて脂を出し、サラダ油大さじ1、にんにくを加え、香りが出るまで炒める。サラダ油大さじ1を加え、キャベツを入れて油を吸わせる。Bを加えて、キャベツから水分が出たら塩、こしょう各少々をふる。

> しょうゆの塩分で**キャベツから水分が出ます。**

**3** Aを加えて炒め、C、1を加える。スープを吸わせるように全体を混ぜ、蓋をして1分30秒～2分蒸し煮にする。梅干しの塩気をみて、塩、こしょうで味をととのえ、ごま油を加え、全体を炒め合わせる。

> 梅干しや桜えび、フライドオニオンなど、買いおき食材を**うまく使って旨みをアップ**させますよ。

第4章

あと一品、
困ったときに大活躍の
# 作りおき

作りおき❶

# 手軽にできる
## 黒こしょうチャーシュー

待ち時間は長くても、手順はシンプル。手軽にできて本格
的な味が楽しめるチャーシューです。

**材料** 作りやすい分量

豚ばら（または肩ロース）かたまり肉
　　…500g
塩…5g（肉の重さの1%）
長ねぎ（青い部分）…10㎝
しょうが…1かけ

【漬け汁】
しょうゆ…500㎖
長ねぎ（青い部分／5㎝長さに切る）
　　…10㎝分
しょうが…1かけ
にんにく（つぶす）…1かけ
酒…大さじ1
赤唐辛子…1本
八角（あれば）…1個
ニッキ（あれば）…3㎝くらい
花椒ホワジャオ（粒／あれば）…少々

A｜ はちみつ…大さじ1
　｜ 粗びき黒こしょう…少々
　｜ 漬け汁…小さじ1

**下ごしらえ**

・豚肉に塩をよくもみ込む。

・鍋に漬け汁の材料を入れて火にかけ、
　ひと煮立ちしたら火を止め、そのまま粗
　熱をとる。

--- おいしいアドバイス ---
肉が小さいと、調理している間にかたくなりがちなの
で、500gくらいのかたまり肉がおすすめです。

# 1

フライパンで脂身側から豚肉を焼く。

> フライパンには油はひかなくてOKですよ。**脂身側から焼いて脂を出します。**

# 2

ひっくり返して全体に焼き目をつける。

> 焼き目をつけて**香ばしく！** これが味に深みを出します。

# 3

肉が入る大きさの鍋に、長ねぎとしょうがを入れてたっぷりの湯を沸かし、**2**を加える。キッチンペーパーなどで落とし蓋をし、ごく弱火で1時間ほどゆでる。

> 火加減はポコポコ沸く程度。**箸がすっと通るくらいまでゆでてください。**

## 4

肉を取り出し、熱いうちにジッパー付き保存袋に入れ、漬け汁を注ぐ。空気を抜いて閉じ、そのまま2時間ほど常温（夏場は涼しいところ）でおく。

> 漬ける時間は、肉が500gなら2時間、1kgなら3時間半ほど。**ブロックの大きさで漬ける時間を調整**できるので、作りたい分量で試してください。

## 5

**4**の肉を取り出し、漬け汁を軽く拭き取る。混ぜ合わせた**A**を全体にまんべんなく塗り、30分〜1時間おく。食べるときに3mmくらいの厚さに切る。

> 最後に合わせはちみつを塗って**表面に照りが出たら完成です！**

---

**保存方法**

常温に冷まし、ラップで包んで密封し、保存袋などに入れ、冷蔵保存。食べるときに薄く切って電子レンジで10秒くらい温めるとおいしいです。

保存期間＊冷蔵4〜5日

作りおき❷

おつまみにもおかずにもなる
# 失敗しない塩煮豚

本来は塩漬けして干し、蒸し上げるという手順で作りますが、超スピーディーかつ保存しやすい方法にアレンジしました。

### 材料　作りやすい分量

豚ばらかたまり肉
　…400g（約200g×2本）
A｜塩…100g
　｜塩麹…100g
　｜花椒（粒/あれば）…5〜6粒
酒…100mℓ
水…300mℓ

【食べ方例】
炊きたてのご飯…300〜350g
ラード…大さじ1
粗びき黒こしょう…適宜

#### 保存方法

常温に冷まして汁気をきり、ラップで包んで密封し、保存袋などに入れ、冷蔵保存。冷凍するときは、冷凍用保存袋に入れて冷凍保存。
保存期間＊冷蔵1週間／冷凍1ヶ月

## 1

豚肉はボウルに入れ、**A**をよくもみ込み、30分〜1時間おく。

> たっぷりの塩と塩麹で下味をつけますよ。

## 2

深めのフライパンに酒を入れ、強火で沸騰させてアルコールを飛ばす。水、**1**を調味料ごと加えて、沸いたら蓋をして弱火で40分ほどコトコト煮る。

> かたまりが**細めの場合は40分ほど**、**太い場合は50〜60分**煮てください。

## 3

煮汁に浸けたまま冷ます。食べる分だけ切る。144ページの写真のように薄切りにして、ラードと黒こしょうを混ぜたご飯にのせても。

作りおき❸

## 水で煮込んでおいしく！
# 豚ばら肉、豆腐、根菜の薬膳スープ煮込み

材料を順番に肉の脂で焼いて、煮込むだけ。
あとは鍋におまかせ！ 旨みのある煮込みに仕上がります。

### 材料　作りやすい分量

豚ばらかたまり肉（大きめの一口大）
　…500g
塩…5g（肉の重さの1%）
こしょう…少々
木綿豆腐（1cm厚さ／
　焼き豆腐でもOK）…300g
れんこん（1cm厚さ）…150g
A｜長ねぎ（縦半分に切り、2cm長さ）
　　…10cm分
　｜しょうが（薄切り）…20g
　｜にんにく…10かけ
　｜赤唐辛子（あれば）…2本
　｜八角（あれば）…2個
　｜ニッキ（あれば）…1/2本
酒…大さじ2
水…500ml
サラダ油…大さじ1

【葱姜水（ツォンジャンスイ）】
長ねぎ・しょうがの皮…各適量
水…適量（長ねぎ・しょうがの皮が
　浸かるくらいの量）

【ソース】
B｜長ねぎ（みじん切り）…大さじ1
　｜しょうが（みじん切り）…小さじ1
　｜にんにく（みじん切り）…小さじ1
　｜赤唐辛子（みじん切り）…少々
サラダ油…大さじ2
ごま油…大さじ1
C｜酢…大さじ2
　｜塩・こしょう…各少々
　｜しょうゆ…少々

### 下ごしらえ

- 葱姜水の材料をよくもんで30分以上おき、エキスを出し、ざるでこしておく。

- 豚肉は塩、こしょうをもみ込み、さらに葱姜水をもみ込み、しばらくおく。

## 1

フライパンに水気をきった豚肉を入れ、中火で炒める。脂が出て表面がこんがりしたら、いったん取り出す。

> 豚肉は葱姜水をもみ込んであるので、**炒めると風味が立ちますよ！**

## 2

同じフライパンで豆腐、れんこんの順にそれぞれ炒め、いったん取り出す。

> 豚肉から出た脂はラードなので、**拭き取らず、食材を炒めるのに生かします。**

## 3

同じフライパンにサラダ油を熱し、Aを炒めて香りを引き出す。

> 大きめに切った香味野菜とスパイスを炒めて**香りをよーく引き出します！**

## 4

豚肉、豆腐を戻して炒め、酒、水を加えて少し煮たら、れんこんを加えて40分ほど弱火でコトコト煮込む。

> 焼いた豚肉の香ばしい**香りが出てから**酒と水を加えると、煮汁に深みが出ます。

## 5

ソースを作る。小さめの耐熱ボウルに**B**を入れ、フライパンでサラダ油とごま油をうっすら煙が出てくるまで熱してかける。**C**を加えてよく混ぜ合わせる。器に盛った煮込みに添える。

> このソースに肉やれんこんをつけて食べると、また違った味わいを楽しめます！

---

**保存方法**

常温に冷まし、汁ごと保存容器などに入れて冷蔵保存。
保存期間＊冷蔵2〜3日

作りおき❹

旨みがギュッ

# お店の味が家庭で作れる絶品もち米シュウマイ

もち米を使ったシュウマイは、あんを少なめに包めばおつまみ用、たっぷり包めば主食になります。干しえびやほたての旨みをご飯に吸わせ、噛めば噛むほどに広がるおいしさです。

**材料** 作りやすい分量

もち米…200g
ほたて水煮缶…10〜15g
シュウマイの皮…40〜50枚

A | 干しえび（粗めに刻む）…大さじ2
　| にんにく（みじん切り）…小さじ1
　| しょうが（みじん切り）…小さじ1

B | 酒…大さじ2
　| オイスターソース…大さじ1
　| しょうゆ…大さじ1
　| こしょう…少々

サラダ油…大さじ2

**下ごしらえ**

・もち米は一晩浸水してざるに上げ、浸水後の米と同量の水（約240㎖）で炊く。柔らかめにする場合、水を1割程度多めに。

**保存方法**

蒸してから常温に冷まし、冷凍用保存容器などに入れ、冷凍保存。食べるときに蒸すか、電子レンジで加熱する。

保存期間＊
冷凍1ヶ月

# 1

フライパンにサラダ油を中火で熱し、**A**を炒める。香りが立ってきたら汁をきったほたて水煮を加える。**B**を加え、混ぜながら煮詰める。

> 混ぜながら**とろみがつくくらいまで煮詰めますよ。**

# 2

炊いたもち米を耐熱ボウルに入れ、**1**を混ぜる。

> 2〜3回に分けて加え、均一に混ぜてくださいね。**もち米も1も熱いほうが、混ぜやすいですよ。**

# 3

シュウマイの皮に割り箸で**2**をのせ、割り箸をさしたままひっくり返して包む（p.13参照）。割り箸を抜き、上から押しながら指でしっかりと握る。せいろに並べ、湯気の上がった蒸し器で10分ほど蒸す。

> **てるてるぼうずを作るように包むと簡単！**

作りおき❺

とろける
# 里芋と牛肉の簡単煮込み

牛肉の旨みを移した脂で里芋を炒めるのがポイント。それさえ押さえれば、おいしい煮込みが簡単に作れます。

### 材料　作りやすい分量

- 里芋…大きめ6個
- 牛肩ロース薄切り肉（3等分の長さ）…4枚分（約150g）
- 小ねぎ（5cm長さ）…1束分
- 水…700㎖
- A｜みりん…大さじ4
　｜砂糖…大さじ3
- しょうゆ…大さじ2
- サラダ油…大さじ1
- ごま油…大さじ1〜2

### 下ごしらえ

- 里芋は一口大の乱切りにし、水洗いしてからざるに上げて水気をきる。

### 保存方法

常温に冷まし、保存容器などに入れ、冷蔵保存。
保存期間＊
冷蔵2〜3日

## 1

フライパンにサラダ油を中火で熱し、牛肉を炒め、表面の色が白っぽくなったらいったん取り出す。

> 里芋を炒める脂をとるために炒める。牛肉は**完全に火を通さなくてOK**。

## 2

同じフライパンに里芋を入れて炒め、全体に油が回ったら水400㎖を加え、蓋をする。沸騰したら弱めの中火にし、アクを取りながら10分ほどゆでてざるに上げる。水気をきってフライパンに戻す。

> ゆでこぼすことで**しっかりアクを抜きます**。

## 3

水300㎖、Aを加えて少し煮て、しょうゆを加える。沸騰したら蓋をして弱めの中火で10分ほど煮る。小ねぎ、**1**を加えて全体を混ぜ、牛肉に火が通ったら、ごま油を回し入れる。

> 焦げつかないように**火加減に気をつけて！**

作りおき❻

お弁当にも！
# なすの甘辛炒め

蒸し焼きにしたなすにひき肉のスープを吸わせた彩り鮮やかな一品です。

**材料** 作りやすい分量

なす（皮を縞目にむき、1.5cm幅の輪切り）
　…3本分
豚ひき肉…100g
卵…1個
しょうが（粗めのみじん切り）
　…大さじ1
砂糖…適量
A ｜ 鶏がらスープ…大さじ4
　｜ しょうゆ…大さじ2
　｜ 砂糖…大さじ2
　｜ みりん…大さじ1
　｜ 酒…大さじ1
　｜ こしょう…少々
水溶き片栗粉…大さじ1
サラダ油…大さじ4
ごま油…大さじ1
青じそ…適量

**保存方法**

常温に冷まし、保存容器などに入れ、冷蔵保存。食べるときに青じそを散らす（作りおき保存するときやお弁当に入れるときは卵にしっかり火を通しておく）。

保存期間＊
冷蔵2〜3日

## 1

フライパンにサラダ油大さじ2を熱し、なすを入れて蓋をし、弱火で表裏3分ずつ蒸し焼きにしたら、いったん取り出す。卵を割りほぐし、砂糖小さじ1/2を混ぜ、同じフライパンにサラダ油大さじ1を中火で熱し、炒り卵を作る。

> なすは蒸し焼きにして、**火を通します。**

## 2

同じフライパンにサラダ油大さじ1を熱し、しょうがを炒め、香りが立ってきたら砂糖大さじ2を加えて混ぜ、ひき肉を加えて炒める。

> **ひき肉の脂をしっかり出し**、油と混ぜ合わせます。

## 3

Aを加えて少し煮詰め、1のなすを戻し入れて蓋をして3〜4分煮る。水溶き片栗粉を加えて大きく混ぜてとろみをつけ、仕上げにごま油を加える。器に盛り、1の炒り卵をのせ、ちぎった青じそを散らす。

> おいしい**スープをしっかり**なすに吸わせます。

作りおき❼

## ピリ辛がクセになる 辣白菜(ラーパイツァイ)

赤唐辛子と花椒(ホワジャオ)の香りをつけた甘酢のコクと風味が、白菜の食感をぐっと引き立てます。

### 材料　作りやすい分量

白菜（白い軸の部分／厚さを半分にそぎ、
　　長さを半分にして細切り）…7〜8枚分
にんじん（せん切り）…50g
塩…適量
砂糖…150g
酢…150㎖
A｜サラダ油…大さじ4
　｜花椒（粒／あれば）…小さじ1
　｜赤唐辛子…2本
生赤唐辛子（輪切り）…適宜

### 保存方法

漬け汁ごと保存容器に入れ、冷蔵保存。
保存期間＊冷蔵2週間

### 作り方

**1** 白菜はバットに広げて塩小さじ1をなじませ、皿などで重しをして1時間ほどおく。水洗いをしてしっかり水気を絞り、にんじんも塩少々で塩もみし、水気を絞り、ボウルに入れる。

> 塩をして重しをのせることで、**白菜からしっかり水分が出ますよ。**

**2** 耐熱ボウルに砂糖と酢を入れて混ぜ合わせる。フライパンに**A**を入れて弱火にかける。香りが立って赤唐辛子が少し色づいてきたら、ボウルに加え、しっかり混ぜ合わせる。

> 花椒と赤唐辛子の香り、辛みを油に移します。

**3** **1**に**2**をかけ、冷蔵庫に入れて一晩漬け込む。器に盛り、お好みで生赤唐辛子をのせる。

作りおき❽

## 止まらぬおいしさ！ 枝豆の香り塩水漬け

枝豆の両端を切り落とし、蒸し焼きにして甘みを引き出す。塩水を使ってプロのおつまみに仕上げましょう。

### 材料 作りやすい分量

枝豆…1袋
水…1ℓ
A│ 昆布（5cm四方）…1枚
 │ 花椒（ホワジャオ）（粒／あれば）…小さじ1/4
 │ しょうが（2cm四方の薄切り）…2〜3枚
 │ 塩…20g（水の重さの2%）
ローズマリーの枝…適宜

### 保存方法

漬け汁ごと保存容器に入れ、冷蔵保存。
保存期間＊冷蔵3〜4日

### 下ごしらえ

• 枝豆は両側をキッチンばさみで切り、塩適量（分量外）をふってもんでから水洗いする。

### 作り方

**1** 鍋に水を入れて沸騰させ、**A**を入れ、花椒としょうがの香りが立ってきたら火を止め、鍋ごと氷水に当てて粗熱をとる。

> 急ぐときは、**ボウルに移してから氷水に当てると**、早く冷めますよ。

**2** フライパンを中火で熱して枝豆、お好みでローズマリーを入れ、蓋をして蒸し焼きにする。3〜4分したら、かき混ぜて上下を返し、蓋をしてさらに3〜4分加熱し、取り出して冷ます。

> ローズマリーを1枝入れると、香りが立っていっそうおいしくなります。

**3** 保存容器に**1**、**2**を入れて一晩漬ける。

157

## ちょっとだけ自慢できる
# 中国語の切り方講座

中国料理は、料理に合わせて切り方にコツがあり、レシピにも出てくる切り方には、
それぞれ名前がついています。中国料理の切り方のなかでも代表的なものをピックアップしてご紹介します。

 末　モウ

1〜2mm角くらいに切る最も細かいみじん切り。ひき肉などの料理に使う切り方。

 片　ピェン

野菜を切る際の薄切りのこと。炒め物に使う香味野菜は、1cm四方くらいの薄切り。

 絲　スー

せん切りのこと。糸のように細く切るという意味。

 丁　ディン

縦横8mm〜1cmくらいのさいの目切りのこと。スープの具などによく使われる切り方。

 條　ティヤオ

4〜5cmくらいの長さに揃え、棒状に切った短冊切り、もしくは拍子木切りのこと。

 塊　クワイ

ぶつ切り、乱切りなど、大きめの一口大にする切り方。煮物や炒め煮に。

# 脇屋友詞シェフの
# お店＆YouTubeチャンネル紹介

## 脇屋友詞シェフのお店

**Ginza 脇屋** 　銀座
ライブ感あふれるカウンター席で味わう極上のチャイニーズ
〒104-0061　東京都中央区銀座5-10-5　スリーY'S＆D 1,2階
TEL 050-3662-1535

**Wakiya 一笑美茶樓（いちえみちゃろう）** 　赤坂
東京・赤坂の裏通りにたたずむ隠れ家のようなレストラン
〒107-0052　東京都港区赤坂6-11-10
TEL 03-5574-8861

**Wakiya 迎賓茶樓（げいひんちゃろう）** 　赤坂
趣あるしつらいの個室で大切な方と美食のひとときを
〒107-0052　東京都港区赤坂6-16-10　Y's CROSS ROAD 3,4階
TEL 03-3568-3567

**Turandot 臥龍居（トゥーランドット がりゅうきょ）** 　赤坂
広々とした空間で気兼ねなく楽しむチャイニーズ
〒107-0052　東京都港区赤坂6-16-10　Y's CROSS ROAD 1,2階
TEL 03-3568-7190

**Wakiyaオフィシャルサイト**
https://www.wakiya.co.jp/

**Wakiyaオンラインストア**
https://www.wakiya-onlineshop.co.jp/

---

## 脇屋友詞シェフのYouTubeチャンネル

**Wakiya YujiのYUJI CHANNEL**
YouTubeチャンネルで随時、レシピ動画をアップしています。

※2024年11月1日現在の情報です。

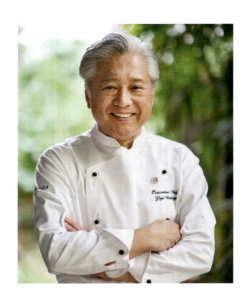

## 脇屋友詞 わきや・ゆうじ

「Wakiya 一笑美茶樓」オーナーシェフ。1958年北海道生まれ。上海料理の名店「山王飯店」で修業を始め、有名ホテルを経て96年、横浜「トゥーランドット游仙境」の総料理長に。上海料理をベースにした洗練された中国料理で新風を吹き込む。味のよさに加え、洋皿を取り入れた美しい盛りつけにも定評があり、中国茶への造詣も深い。現在、赤坂の3店舗と2023年12月にオープンした「Ginza 脇屋」でオーナーシェフを務める。

撮影：西山 航（世界文化ホールディングス）
デザイン：大薮胤美、武田紗和、梅井靖子（フレーズ）
スタイリング：岡田万喜代
協力：尾崎和広、中島千佳（株式会社Wakiya）
校正：株式会社円水社
DTP制作：株式会社明昌堂
編集協力：丸山みき、大西綾子（SORA企画）
編集部：原田敬子

---

一流シェフの簡単でおいしい料理の教科書
### 脇屋友詞 中華、これでよかったんだ！

| | |
|---|---|
| 発行日 | 2025年3月10日　初版第1刷発行 |
| 著者 | 脇屋友詞 |
| 発行者 | 岸 達朗 |
| 発行 | 株式会社世界文化社<br>〒102-8187<br>東京都千代田区九段北4-2-29<br>電話／03-3262-5118（編集部）<br>　　　03-3262-5115（販売部） |
| 印刷・製本 | 株式会社リーブルテック |

©Yuji Wakiya, 2025. Printed in Japan
ISBN 978-4-418-25304-3

落丁・乱丁のある場合はお取り替えいたします。
定価はカバーに表示してあります。
無断転載・複写（コピー、スキャン、デジタル化等）を禁じます。
本書を代行業者等の第三者に依頼して複製する行為は、たとえ個人や家庭内での利用であっても認められていません。

本書の内容に関するお問い合わせは、以下の問い合わせフォームにお寄せください。
https://x.gd/ydsUz